〈領域〉
人間関係ワークブック

田村美由紀
室井 佑美
◆著

萌文書林
Houbunshorin

フォトランゲージ
写真から学びを深めよう

「フォトランゲージ」とは、写真やイラストなどを用いて行う学びの活動のことです。写真などの資料をよく観察し、その資料に込められた意味を自分なりに探っていきます。そして自分自身の気づきや発見を、フォトランゲージの参加者たちと討議し分かち合います。ここでは、「戸外の子どもの遊びと保育者の様子」「屋内の子どもの遊びと保育者の様子」に分けて写真を掲載しました。本書では設問を7つ用意してあります。それぞれの視点から自由に考えて、グループで話し合ってみましょう。

戸外の子どもの遊びと保育者の様子

①

②

③

④

設問

①〜④の好きな写真を選んで、以下の1〜7の視点から考えてみましょう。

1. 何をしているのかな？
2. どんな会話をしているのかな？
3. 何を楽しんでいるのかな？
4. どんな言葉をかけているのかな？
5. どんな経験をしているのかな？
6. どんな配慮や工夫があるのかな？
7. 5領域のどんな内容につながっているのかな？

⑤

⑥

⑦

⑧

⑨

⑩

設問

⑤〜⑩の好きな写真を選んで、以下の1〜7の視点から考えてみましょう。

1. 何をしているのかな？
2. どんな会話をしているのかな？
3. 何を楽しんでいるのかな？
4. どんな言葉をかけているのかな？
5. どんな経験をしているのかな？
6. どんな配慮や工夫があるのかな？
7. 5領域のどんな内容につながっているのかな？

屋内の子どもの遊びと保育者の様子

①

②

③

④

設問 Questions

①～④の好きな写真を選んで、以下の1～7の視点から考えてみましょう。

1. 何をしているのかな？
2. どんな会話をしているのかな？
3. 何を楽しんでいるのかな？
4. どんな言葉をかけているのかな？
5. どんな経験をしているのかな？
6. どんな配慮や工夫があるのかな？
7. 5領域のどんな内容につながっているのかな？

⑤

⑥

⑦

⑧

⑨

設問 Questions

⑤～⑨の好きな写真を選んで、以下の1～7の視点から考えてみましょう。

1. 何をしているのかな？
2. どんな会話をしているのかな？
3. 何を楽しんでいるのかな？
4. どんな言葉をかけているのかな？
5. どんな経験をしているのかな？
6. どんな配慮や工夫があるのかな？
7. 5領域のどんな内容につながっているのかな？

⑩

⑪

⑫

⑬

設 問

⑩〜⑬の好きな写真を選んで、以下の１〜７の視点から考えてみましょう。

1. 何をしているのかな？
2. どんな会話をしているのかな？
3. 何を楽しんでいるのかな？
4. どんな言葉をかけているのかな？
5. どんな経験をしているのかな？
6. どんな配慮や工夫があるのかな？
7. ５領域のどんな内容につながっているのかな？

は じ め に

　子どもを育てるということは，もっとも難しく，もっとも重要で，もっとも幸福な時間です。そして，子どもにとってどんな保育がよいのかを決めることは，とても難しいものです。子どもを取り巻く環境や個性，その上にどのような保育が実践されているかで，子どもの生活と発達の姿は，たったひとつのものとなります。

　私たちは，子どもたちの育ちの理解者として保育を実践します。そのようななかで，答えをひとつに絞ることなく，選択肢を多くもつことが大切だと考えます。子どもの月齢や年齢にとらわれることなく寄り添いながら，ときには大人同士でも，こういう考え方があるのだという見方をもてるような，柔軟性が求められています。

　また，2017（平成29）年の幼保連携型認定こども園教育・保育要領，幼稚園教育要領，保育所保育指針の改訂によって，5領域に加えて，幼児教育において育みたい「資質・能力」と「幼児期の終わりまでに育ってほしい姿」を踏まえて，指導計画を立てる必要が出てきました。計画し，実践し，評価し，改善することの繰り返しによって，総合的な保育が洗練され，小学校へつなげられてゆきます。

　そこで，私たちは，領域「人間関係」をどのように考えなければならないのか，具体的にはどのようなことなのか，ほかの領域とどのように重なり合いながら指導計画が立てられているのかを学ばなければなりません。

　本テキストの使用にあたり，階段やピラミッドのような構造で子どもの発達をとらえながらも，つくられていく形は子どもによってそれぞれ異なることを，常に忘れないでほしいと思います。さらに，学生の皆さんや私たち指導者もまた，事例などから感じたことは，それぞれ異なるはずです。可能な限り，伝え合い，吸収し，しなやかな保育力を養っていただけると幸いです。

　　2017年8月

　　　　　　　　　　　　　　　　　著者を代表して　田 村 美 由 紀

〈領域〉人間関係ワークブック **Contents**

【フォトランゲージ】
戸外の子どもの遊びと保育者の様子　　*ii*
屋内の子どもの遊びと保育者の様子　　*vi*

はじめに　　*1*

第1章

領域「人間関係」における
保育および教育の目標

1. 人間関係を取り巻く現代社会の状況 ································· 8
2. 幼保連携型認定こども園における教育・保育の基本と目標 ········· 10
3. 幼稚園教育の基本 ·· 15
4. 保育所保育に関する基本原則 ······································ 18
　　課題 【よく見て，書こう】　*22*

第2章

領域「人間関係」における
ねらいと内容

1. 認定こども園・幼稚園・保育所の領域「人間関係」 ··············· 24
2. 人間関係の育ちを支える保育者 ···································· 34

　　事例　ある日の連絡帳から　*35*

　　課題 【よく見て，書こう】　*37*

第3章

身近な人との関わりと発達

1．愛着の形成と分離行動 ·································· 42

事例　お父さんとの愛着形成　はじめの一歩　42

2．自我の芽生え ·································· 44

事例　お母さん笑わないで！　44

3．思いやイメージを言葉で表現する ·································· 46

事例　かみなりさまとおへそ　46

課題　【ふり返って，考えよう】　47

第4章

保育者に求められている人間関係

1．乳児期の関わり ·································· 50

事例　ある実習生の日誌から　50

2．幼児期の関わり ·································· 51

事例　「かして」「いいよ」　52

3．保育者同士の関わり ·································· 53

事例　子どもをどこまで見守るのか
ある実習生のインタビューより　54

4．保育者と保護者の関わり ·································· 55

事例　あるクラス懇談会でのこと
トラブルを保護者にどのように伝えるか　56

課題　【伝えてみて，ふり返ろう】　58

第**5**章

仲間との関わりと発達

1．自己調整力の育ち ―――――――――――――――――――――― 60

事例　生活発表会の配役　―5歳児クラスにて保護者より―　61

2．道徳性と規範意識の芽生え ――――――――――――――――― 62

事例　実習生の日誌から
　　　―3・4・5歳児合同保育そして小学生との関わり―　64

課題　【考えて，話し合おう】　66

第**6**章

遊びのなかでの人との関わりと
保育者の役割Ⅰ　―イメージの共有―

1．遊びのなかでイメージを共有すること ―――――――――――― 68

事例　環境の工夫　69

2．仲間入りをめぐる保育者の役割 ――――――――――――――― 70

事例　ここで待ってて　―5歳児クラスの自由遊び時間―　71

課題　【イメージして，伝えよう】　72

第**7**章

遊びのなかでの人との関わりと
保育者の役割Ⅱ　―試行錯誤の過程―

1．コミュニケーションと試行錯誤 ――――――――――――――― 74

事例　夏祭りのおみこし，何にする？　74

２．友達の思いとともに探求するおもしろさ ………………………………………… 76

事例 何をつくろうかな 76

課題 【筋道を立てて考え，ポイントを探そう】 78

第8章

遊びのなかでの人との関わりと 保育者の役割Ⅲ ―自己主張・葛藤・育ち合い―

１．遊びで身につける調整力 ………………………………………………………………… 80

事例 おおなわにいれてほしい 80

２．子どもに相談する・子どもが解決する ………………………………………… 82

事例 先生こまったなあ…… 82

３．自己主張をあまりしない子ども ………………………………………………… 83

事例 おそとで遊びたいな…… 84

課題 【話し合って，ふり返ろう】 85

第9章

遊びのなかでの人との関わりと 保育者の役割Ⅳ ―協同的な遊び―

１．協同して遊ぶ経験 ……………………………………………………………………… 88

事例 ブロックを進化させて！ 88

２．時間がかかる活動や遊びを通して育つもの ………………………………… 90

事例 はやくほいくえんにいきたい ―5歳児クラスの保護者より― 90

３．小学校へつなぐ育ちを支える人間関係 ……………………………………… 91

事例 ぼくのが一番たくさんはいってる 92

課題 【調べて，実際をイメージしよう】 93

第10章

人との関わりが難しい子どもへの支援

1．集団生活に困難をともなう子どもへの保育 94

事例 通りすがりに……　―降園のときに― 94

2．誰もが居場所のある集団づくり 96

事例 子ども同士で支え合うこと 97

課題 【なったつもりで，考えよう】 99

第11章

領域相互の関連性と保育展開Ⅰ
―指導計画の意義・作成・実践例（0〜2歳児）―

1．0歳児の指導計画と実践 102

指導計画作成のポイント 106

2．1歳児の指導計画と実践 108

指導計画作成のポイント 108

3．2歳児の指導計画と実践 110

指導計画作成のポイント 112

課題 【見つけて，気づこう】 113

第**12**章

領域相互の関連性と保育展開II
—指導計画の意義・作成・実践例（3歳児）—

3歳児の指導計画と実践 ··· 114

指導計画作成のポイント　　118

課題　【見つけて，気づこう】　　119

第**13**章

領域相互の関連性と保育展開III
—指導計画の意義・作成・実践例（4歳児）—

4歳児の指導計画と実践 ··· 120

指導計画作成のポイント　　124

課題　【見つけて，あなたがつくろう】　　126

第**14**章

領域相互の関連性と保育展開IV
—指導計画の意義・作成・実践例（5歳児）—

5歳児の指導計画と実践 ··· 128

指導計画作成のポイント　　132

課題　【あなたがつくって，やってみよう】　　134

第 1 章 領域「人間関係」における保育および教育の目標

　領域「人間関係」は、幼保連携型認定こども園教育・保育要領および幼稚園教育要領、保育所保育指針に示されている。保育者は、子どもが「他の人々と親しみ、支え合って生活するために、自立心を育て、人と関わる力を養う」ための役割を具体的に学ぶ必要がある。

1. 人間関係を取り巻く現代社会の状況

　今日、少子化が進み、家族のなかで子どもが兄弟姉妹と関わる機会も、祖父母など多様な人と関わる機会も失われてきている。また、情報化が急速に社会を覆い、子どもの世界を大きく変化させている。幼児をもつ保護者4,034名を対象としたベネッセの「幼児の生活アンケート」(2015)によると、幼稚園・保育所以外で遊ぶ相手としては、「母親」が86.0％であり増加傾向にある。その一方で、「友だち」は27.3％と低く、年々減少の一途をたどっている（図1）。

　よくする遊びでは、公園の遊具、つみ木・ブロック、おもちゃ遊びなど、多様な遊びが見られている一方で、携帯ゲームをして過ごす子どもが18.1％を占めている（表1：10ページ）。さらに、ほとんど毎日「家族みんなで食事をする」家庭は50.3％しか存在しないことや、習いごとをしている子どもは6歳児で82.7％に達していることも現代社会に生きる子どもの特徴である。

　これらの背景には、認定こども園、幼稚園、保育所での滞在時間が長くなるにともない、園以外で子ども同士が関わる機会が減っていることだけでなく、親の子育て意識の変化もあると考えられる。たとえば、「友達と一緒に遊ぶこと」に

力を入れている親の割合は，徐々に減少傾向にある。しかしその一方で，子どもの社会的スキルの獲得に対するニーズは高く，園での活動に依存する傾向が強まっていると考えられる。

　園での友達や保育者との関わりを通して，子どもが学ぶことはたくさんあるが，その経験だけで十分といえるだろうか。たとえば，ごく小規模の園では，何年間も顔見知りのメンバーとのみ関わり続けることとなる。地域との関係が希薄化していくなかで，子どもが他者との関わりから学ぶ機会が減っているのではないだろうか。子どもの生活のあり方は，日本社会全体の変容を受けて変わってきた。子ども同士の関係が成り立ちにくくなり，その分，多くの子どもが集まっている認定こども園，幼稚園，保育所の果たす役割が大きくなってきている。

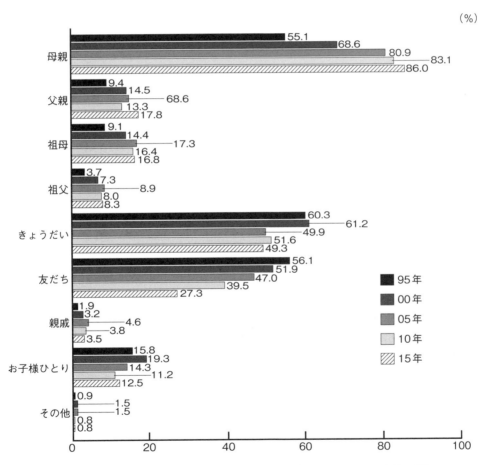

▲図1　平日（幼稚園・保育園以外で）一緒に遊ぶ人（経年比較，複数回答）

（「第5回　幼児の生活アンケート　―乳幼児をもつ保護者を対象に―」ベネッセ教育総合研究所, 2015, p.6）

▼表1　よくする遊び（経年比較）

(%)

	95年	00年	05年	10年	15年
公園の遊具（すべり台，ブランコなど）を使った遊び	66.0	68.4	76.1	78.1	80.0
つみ木，ブロック	55.0	55.5	63.1	68.0	68.4
人形遊び，ままごとなどのごっこ遊び	51.2	53.5	56.9	56.6	60.5
絵やマンガを描く	45.0	43.6	57.5	53.5	50.4
ミニカー，プラモデルなど，おもちゃを使った遊び	39.5	43.8	45.5	46.1	49.8
砂場などでのどろんこ遊び	49.5	52.0	57.6	53.6	47.7
ボールを使った遊び（サッカーや野球など）	35.0	33.2	46.8	46.9	46.2
自転車，一輪車，三輪車などを使った遊び	46.3	51.5	53.9	49.5	45.7
マンガや本（絵本）を読む	30.4	28.1	44.9	44.5	43.8
石ころや木の枝など自然のものを使った遊び	26.2	33.8	37.6	40.2	40.3
ジグソーパズル	21.9	17.9	28.8	32.9	33.0
おにごっこ，缶けりなどの遊び	13.9	13.6	20.9	23.0	27.7
カードゲームやトランプなどを使った遊び	19.4	17.8	26.2	25.6	27.7
なわとび，ゴムとび	14.1	12.6	19.3	21.1	20.5
＊携帯ゲーム				17.8	18.1
テレビゲーム	24.2	20.2	15.1	17.0	10.5
その他	7.2	9.2	13.2	10.1	9.6

※複数回答。※「＊」は10年調査，15年調査のみの項目。※項目は15年調査結果の降順に図示。
（「第5回　幼児の生活アンケート　—乳幼児をもつ保護者を対象に—」ベネッセ教育総合研究所，2015，p.6）

2. 幼保連携型認定こども園における教育・保育の基本と目標

　認定こども園制度は，就学前の子どもに対する「教育」と「保育」および「保護者に対する子育て支援」を総合的に提供する仕組みとして，2006（平成18）年度より始まった。そのなかで，幼稚園と保育所との整合性をはかり，小学校との円滑な接続に配慮するため，「幼保連携型認定こども園教育・保育要領」が2014（平成26）年に策定されている（2017〔平成29〕年に改訂された）。これは，幼保連携型認定こども園の教育課程，教育と保育の内容を規定したものであり，幼保連携型認定こども園以外の認定こども園においても，この要領を踏まえることとされている。

●第1章　第1　1　幼保連携型認定こども園における教育及び保育の基本

　乳幼児期の教育及び保育は，子どもの健全な心身の発達を図りつつ生涯にわた
る人格形成の基礎を培う重要なものであり，幼保連携型認定こども園における教
育及び保育は，就学前の子どもに関する教育，保育等の総合的な提供の推進に関
する法律（平成18年法律第77号。以下「認定こども園法」という。）第2条第7
項*1に規定する目的及び第9条に掲げる目標を達成するため，乳幼児期全体を
通して，その特性及び保護者や地域の実態を踏まえ，環境を通して行うものであ
ることを基本とし，家庭や地域での生活を含めた園児の生活全体が豊かなものと
なるように努めなければならない。

　このため保育教諭等は，園児との信頼関係を十分に築き，園児が自ら安心して
身近な環境に主体的に関わり，環境との関わり方や意味に気付き，これらを取り
込もうとして，試行錯誤したり，考えたりするようになる幼児期の教育における
見方・考え方を生かし，その活動が豊かに展開されるよう環境を整え，園児と共
によりよい教育及び保育の環境を創造するように努めるものとする。これらを踏
まえ，次に示す事項を重視して教育及び保育を行わなければならない。

（1）乳幼児期は周囲への依存を基盤にしつつ自立に向かうものであることを
　　考慮して，周囲との信頼関係に支えられた生活の中で，園児一人一人が安
　　心感と信頼感をもっていろいろな活動に取り組む体験を十分に積み重ねら
　　れるようにすること。

（2）乳幼児期においては生命の保持が図られ安定した情緒の下で自己を十分
　　に発揮することにより発達に必要な体験を得ていくものであることを考慮
　　して，園児の主体的な活動を促し，乳幼児期にふさわしい生活が展開され
　　るようにすること。

（3）乳幼児期における自発的な活動としての遊びは，心身の調和のとれた発
　　達の基礎を培う重要な学習であることを考慮して，遊びを通しての指導を
　　中心として第2章に示すねらいが総合的に達成されるようにすること。

（4）乳幼児期における発達は，心身の諸側面が相互に関連し合い，多様な経
　　過をたどって成し遂げられていくものであること，また，園児の生活経験
　　がそれぞれ異なることなどを考慮して，園児一人一人の特性や発達の過程
　　に応じ，発達の課題に即した指導を行うようにすること。

＊1　就学前の子どもに関する教育，保育等の総合的な提供の推進に関する法律（認定こども園法）第2
条第7項には，「幼保連携型認定こども園とは，義務教育及びその後の教育の基礎を培うものとし
ての満三歳以上の子どもに対する教育並びに保育を必要とする子どもに対する保育を一体的に行
い，これらの子どもの健やかな成長が図られるよう適当な環境を与えて，その心身の発達を助長
するとともに，保護者に対する子育ての支援を行うことを目的として，この法律の定めるところ
により設置される施設をいう」と規定されている。

その際，保育教諭等は，園児の主体的な活動が確保されるよう，園児一人一人の行動の理解と予想に基づき，計画的に環境を構成しなければならない。この場合において，保育教諭等は，園児と人やものとの関わりが重要であることを踏まえ，教材を工夫し，物的・空間的環境を構成しなければならない。また，園児一人一人の活動の場面に応じて，様々な役割を果たし，その活動を豊かにしなければならない。

なお，幼保連携型認定こども園における教育及び保育は，園児が入園してから修了するまでの在園期間全体を通して行われるものであり，この章の第3に示す幼保連携型認定こども園として特に配慮すべき事項を十分に踏まえて行うものとする。

● 第1章　第1　2　幼保連携型認定こども園における教育及び保育の目標

幼保連携型認定こども園は，家庭との連携を図りながら，この章の第1の1に示す幼保連携型認定こども園における教育及び保育の基本に基づいて一体的に展開される幼保連携型認定こども園における生活を通して，生きる力の基礎を育成するよう認定こども園法第9条に規定する幼保連携型認定こども園の教育及び保育の目標の達成に努めなければならない。幼保連携型認定こども園は，このことにより，義務教育及びその後の教育の基礎を培うとともに，子どもの最善の利益を考慮しつつ，その生活を保障し，保護者と共に園児を心身ともに健やかに育成するものとする。

なお，認定こども園法第9条に規定する幼保連携型認定こども園の教育及び保育の目標については，発達や学びの連続性及び生活の連続性の観点から，小学校就学の始期に達するまでの時期を通じ，その達成に向けて努力すべき目当てとなるものであることから，満3歳未満の園児の保育にも当てはまることに留意するものとする。

● 第1章　第1　3　幼保連携型認定こども園の教育及び保育において育みたい資質・能力及び「幼児期の終わりまでに育ってほしい姿」

（1）幼保連携型認定こども園においては，生きる力の基礎を育むため，この章の1に示す幼保連携型認定こども園の教育及び保育の基本を踏まえ，次に掲げる資質・能力を一体的に育むよう努めるものとする。

ア　豊かな体験を通じて，感じたり，気付いたり，分かったり，できるようになったりする「知識及び技能の基礎」

イ　気付いたことや，できるようになったことなどを使い，考えたり，試した

り，工夫したり，表現したりする「思考力，判断力，表現力等の基礎」

ウ　心情，意欲，態度が育つ中で，よりよい生活を営もうとする「学びに向か
　　う力，人間性等」

（2）（1）に示す資質・能力は，第2章に示すねらい及び内容に基づく活動全体
　　によって育むものである。

（3）次に示す「幼児期の終わりまでに育ってほしい姿」は，第2章に示すねら
　　い及び内容に基づく活動全体を通して資質・能力が育まれている園児の幼保
　　連携型認定こども園修了時の具体的な姿であり，保育教諭等が指導を行う際
　　に考慮するものである。

ア　健康な心と体

　　幼保連携型認定こども園における生活の中で，充実感をもって自分のやり
　たいことに向かって心と体を十分に働かせ，見通しをもって行動し，自ら健
　康で安全な生活をつくり出すようになる。

イ　自立心

　　身近な環境に主体的に関わり様々な活動を楽しむ中で，しなければならな
　いことを自覚し，自分の力で行うために考えたり，工夫したりしながら，諦
　めずにやり遂げることで達成感を味わい，自信をもって行動するようになる。

ウ　協同性

　　友達と関わる中で，互いの思いや考えなどを共有し，共通の目的の実現に
　向けて，考えたり，工夫したり，協力したりし，充実感をもってやり遂げる
　ようになる。

エ　道徳性・規範意識の芽生え

　　友達と様々な体験を重ねる中で，してよいことや悪いことが分かり，自分
　の行動を振り返ったり，友達の気持ちに共感したりし，相手の立場に立って
　行動するようになる。また，きまりを守る必要性が分かり，自分の気持ちを
　調整し，友達と折り合いを付けながら，きまりをつくったり，守ったりする
　ようになる。

オ　社会生活との関わり

　　家族を大切にしようとする気持ちをもつとともに，地域の身近な人と触れ
　合う中で，人との様々な関わり方に気付き，相手の気持ちを考えて関わり，
　自分が役に立つ喜びを感じ，地域に親しみをもつようになる。また，幼保連
　携型認定こども園内外の様々な環境に関わる中で，遊びや生活に必要な情報
　を取り入れ，情報に基づき判断したり，情報を伝え合ったり，活用したりす
　るなど，情報を役立てながら活動するようになるとともに，公共の施設を大

切に利用するなどして，社会とのつながりなどを意識するようになる。

カ　思考力の芽生え

身近な事象に積極的に関わる中で，物の性質や仕組みなどを感じ取ったり，気付いたりし，考えたり，予想したり，工夫したりするなど，多様な関わりを楽しむようになる。また，友達の様々な考えに触れる中で，自分と異なる考えがあることに気付き，自ら判断したり，考え直したりするなど，新しい考えを生み出す喜びを味わいながら，自分の考えをよりよいものにするようになる。

キ　自然との関わり・生命尊重

自然に触れて感動する体験を通して，自然の変化などを感じ取り，好奇心や探究心をもって考え言葉などで表現しながら，身近な事象への関心が高まるとともに，自然への愛情や畏敬の念をもつようになる。また，身近な動植物に心を動かされる中で，生命の不思議さや尊さに気付き，身近な動植物への接し方を考え，命あるものとしていたわり，大切にする気持ちをもって関わるようになる。

ク　数量や図形，標識や文字などへの関心・感覚

遊びや生活の中で，数量や図形，標識や文字などに親しむ体験を重ねたり，標識や文字の役割に気付いたりし，自らの必要感に基づきこれらを活用し，興味や関心，感覚をもつようになる。

ケ　言葉による伝え合い

保育教諭等や友達と心を通わせる中で，絵本や物語などに親しみながら，豊かな言葉や表現を身に付け，経験したことや考えたことなどを言葉で伝えたり，相手の話を注意して聞いたりし，言葉による伝え合いを楽しむようになる。

コ　豊かな感性と表現

心を動かす出来事などに触れ感性を働かせる中で，様々な素材の特徴や表現の仕方などに気付き，感じたことや考えたことを自分で表現したり，友達同士で表現する過程を楽しんだりし，表現する喜びを味わい，意欲をもつようになる。

（『幼保連携型認定こども園教育・保育要領』〔平成29年〕より）

3. 幼稚園教育の基本

　幼稚園教育要領とは，これからの時代に求められる教育を実現していくため，幼児期にふさわしい生活をどのように展開し，どのように育むのか，教育課程の水準を確保するために定められたものである。また，各幼稚園の特色を生かしつつ，家庭や地域社会と協力し，幼児に必要な環境を整え，教職員の資質・能力を育むために定められたものでもある。

●第1章　第1　幼稚園教育の基本

　　幼児期の教育は，生涯にわたる人格形成の基礎を培う重要なものであり，幼稚園教育は，学校教育法に規定する目的及び目標を達成するため，幼児期の特性を踏まえ，環境を通して行うものであることを基本とする。

　　このため教師は，幼児との信頼関係を十分に築き，幼児が身近な環境に主体的に関わり，環境との関わり方や意味に気付き，これらを取り込もうとして，試行錯誤したり，考えたりするようになる幼児期の教育における見方・考え方を生かし，幼児と共によりよい教育環境を創造するように努めるものとする。これらを踏まえ，次に示す事項を重視して教育を行わなければならない。

　　1　幼児は安定した情緒の下で自己を十分に発揮することにより発達に必要な体験を得ていくものであることを考慮して，幼児の主体的な活動を促し，幼児期にふさわしい生活が展開されるようにすること。

　　2　幼児の自発的な活動としての遊びは，心身の調和のとれた発達の基礎を培う重要な学習であることを考慮して，遊びを通しての指導を中心として第2章に示すねらいが総合的に達成されるようにすること。

　　3　幼児の発達は，心身の諸側面が相互に関連し合い，多様な経過をたどって成し遂げられていくものであること，また，幼児の生活経験がそれぞれ異なることなどを考慮して，幼児一人一人の特性に応じ，発達の課題に即した指導を行うようにすること。

　　その際，教師は，幼児の主体的な活動が確保されるよう幼児一人一人の行動の理解と予想に基づき，計画的に環境を構成しなければならない。この場合において，教師は，幼児と人やものとの関わりが重要であることを踏まえ，教材を工夫し，物的・空間的環境を構成しなければならない。また，幼児一人一人の活動の場面に応じて，様々な役割を果たし，その活動を豊かにしなければならない。

●第1章 第2 幼稚園教育において育みたい資質・能力及び「幼児期の終わりまでに育ってほしい姿」

1 幼稚園においては，生きる力の基礎を育むため，この章の第1に示す幼稚園教育の基本を踏まえ，次に掲げる資質・能力を一体的に育むよう努めるものとする。

（1）豊かな体験を通じて，感じたり，気付いたり，分かったり，できるようになったりする「知識及び技能の基礎」

（2）気付いたことや，できるようになったことなどを使い，考えたり，試したり，工夫したり，表現したりする「思考力，判断力，表現力等の基礎」

（3）心情，意欲，態度が育つ中で，よりよい生活を営もうとする「学びに向かう力，人間性等」

2 1に示す資質・能力は，第2章に示すねらい及び内容に基づく活動全体によって育むものである。

3 次に示す「幼児期の終わりまでに育ってほしい姿」は，第2章に示すねらい及び内容に基づく活動全体を通して資質・能力が育まれている幼児の幼稚園修了時の具体的な姿であり，教師が指導を行う際に考慮するものである。

（1）健康な心と体

　　幼稚園生活の中で，充実感をもって自分のやりたいことに向かって心と体を十分に働かせ，見通しをもって行動し，自ら健康で安全な生活をつくり出すようになる。

（2）自立心

　　身近な環境に主体的に関わり様々な活動を楽しむ中で，しなければならないことを自覚し，自分の力で行うために考えたり，工夫したりしながら，諦めずにやり遂げることで達成感を味わい，自信をもって行動するようになる。

（3）協同性

　　友達と関わる中で，互いの思いや考えなどを共有し，共通の目的の実現に向けて，考えたり，工夫したり，協力したりし，充実感をもってやり遂げるようになる。

（4）道徳性・規範意識の芽生え

　　友達と様々な体験を重ねる中で，してよいことや悪いことが分かり，自分の行動を振り返ったり，友達の気持ちに共感したりし，相手の立場に立って行動するようになる。また，きまりを守る必要性が分かり，自分の気持ちを調整し，友達と折り合いを付けながら，きまりをつくったり，

守ったりするようになる。

（5）社会生活との関わり

　　家族を大切にしようとする気持ちをもつとともに，地域の身近な人と触れ合う中で，人との様々な関わり方に気付き，相手の気持ちを考えて関わり，自分が役に立つ喜びを感じ，地域に親しみをもつようになる。また，幼稚園内外の様々な環境に関わる中で，遊びや生活に必要な情報を取り入れ，情報に基づき判断したり，情報を伝え合ったり，活用したりするなど，情報を役立てながら活動するようになるとともに，公共の施設を大切に利用するなどして，社会とのつながりなどを意識するようになる。

（6）思考力の芽生え

　　身近な事象に積極的に関わる中で，物の性質や仕組みなどを感じ取ったり，気付いたりし，考えたり，予想したり，工夫したりするなど，多様な関わりを楽しむようになる。また，友達の様々な考えに触れる中で，自分と異なる考えがあることに気付き，自ら判断したり，考え直したりするなど，新しい考えを生み出す喜びを味わいながら，自分の考えをよりよいものにするようになる。

（7）自然との関わり・生命尊重

　　自然に触れて感動する体験を通して，自然の変化などを感じ取り，好奇心や探究心をもって考え言葉などで表現しながら，身近な事象への関心が高まるとともに，自然への愛情や畏敬の念をもつようになる。また，身近な動植物に心を動かされる中で，生命の不思議さや尊さに気付き，身近な動植物への接し方を考え，命あるものとしていたわり，大切にする気持ちをもって関わるようになる。

（8）数量や図形，標識や文字などへの関心・感覚

　　遊びや生活の中で，数量や図形，標識や文字などに親しむ体験を重ねたり，標識や文字の役割に気付いたりし，自らの必要感に基づきこれらを活用し，興味や関心，感覚をもつようになる。

（9）言葉による伝え合い

　　先生や友達と心を通わせる中で，絵本や物語などに親しみながら，豊かな言葉や表現を身に付け，経験したことや考えたことなどを言葉で伝えたり，相手の話を注意して聞いたりし，言葉による伝え合いを楽しむようになる。

（10）豊かな感性と表現

　　心を動かす出来事などに触れ感性を働かせる中で，様々な素材の特徴や

表現の仕方などに気付き，感じたことや考えたことを自分で表現したり，友達同士で表現する過程を楽しんだりし，表現する喜びを味わい，意欲をもつようになる。

(『幼稚園教育要領』〔平成29年〕より)

4. 保育所保育に関する基本原則

保育所保育指針とは，保育所における保育の内容と運営について定めたものである。各保育所は，この指針にある基本原則を踏まえなければならない。2015 (平成27) 年4月に施行された「子ども・子育て支援新制度」や，保育所利用児童数の増加にともなって新たに改正が行われ，2017 (平成29) 年に告示された。

●第1章　1　(2) 保育の目標

ア　保育所は，子どもが生涯にわたる人間形成にとって極めて重要な時期に，その生活時間の大半を過ごす場である。このため，保育所の保育は，子どもが現在を最も良く生き，望ましい未来をつくり出す力の基礎を培うために，次の目標を目指して行わなければならない。

(ア) 十分に養護の行き届いた環境の下に，くつろいだ雰囲気の中で子どもの様々な欲求を満たし，生命の保持及び情緒の安定を図ること。

(イ) 健康，安全など生活に必要な基本的な習慣や態度を養い，心身の健康の基礎を培うこと。

(ウ) 人との関わりの中で，人に対する愛情と信頼感，そして人権を大切にする心を育てるとともに，自主，自立及び協調の態度を養い，道徳性の芽生えを培うこと。

(エ) 生命，自然及び社会の事象についての興味や関心を育て，それらに対する豊かな心情や思考力の芽生えを培うこと。

(オ) 生活の中で，言葉への興味や関心を育て，話したり，聞いたり，相手の話を理解しようとするなど，言葉の豊かさを養うこと。

(カ) 様々な体験を通して，豊かな感性や表現力を育み，創造性の芽生えを培うこと。

イ　保育所は，入所する子どもの保護者に対し，その意向を受け止め，子どもと保護者の安定した関係に配慮し，保育所の特性や保育士等の専門性を生かして，その援助に当たらなければならない。

●第1章　1　(3) 保育の方法

　保育の目標を達成するために，保育士等は，次の事項に留意して保育しなければならない。

　　ア　一人一人の子どもの状況や家庭及び地域社会での生活の実態を把握するとともに，子どもが安心感と信頼感をもって活動できるよう，子どもの主体としての思いや願いを受け止めること。

　　イ　子どもの生活のリズムを大切にし，健康，安全で情緒の安定した生活ができる環境や，自己を十分に発揮できる環境を整えること。

　　ウ　子どもの発達について理解し，一人一人の発達過程に応じて保育すること。その際，子どもの個人差に十分配慮すること。

　　エ　子ども相互の関係づくりや互いに尊重する心を大切にし，集団における活動を効果あるものにするよう援助すること。

　　オ　子どもが自発的・意欲的に関われるような環境を構成し，子どもの主体的な活動や子ども相互の関わりを大切にすること。特に，乳幼児期にふさわしい体験が得られるように，生活や遊びを通して総合的に保育すること。

　　カ　一人一人の保護者の状況やその意向を理解，受容し，それぞれの親子関係や家庭生活等に配慮しながら，様々な機会をとらえ，適切に援助すること。

●第1章　1　(4) 保育の環境

　保育の環境には，保育士等や子どもなどの人的環境，施設や遊具などの物的環境，更には自然や社会の事象などがある。保育所は，こうした人，物，場などの環境が相互に関連し合い，子どもの生活が豊かなものとなるよう，次の事項に留意しつつ，計画的に環境を構成し，工夫して保育しなければならない。

　　ア　子ども自らが環境に関わり，自発的に活動し，様々な経験を積んでいくことができるよう配慮すること。

　　イ　子どもの活動が豊かに展開されるよう，保育所の設備や環境を整え，保育所の保健的環境や安全の確保などに努めること。

　　ウ　保育室は，温かな親しみとくつろぎの場となるとともに，生き生きと活動できる場となるように配慮すること。

　　エ　子どもが人と関わる力を育てていくため，子ども自らが周囲の子どもや大人と関わっていくことができる環境を整えること。

●第1章　4　幼児教育を行う施設として共有すべき事項

(1) 育みたい資質・能力

ア 保育所においては，生涯にわたる生きる力の基礎を培うため，1の（2）に示す保育の目標を踏まえ，次に掲げる資質・能力を一体的に育むよう努めるものとする。

（ア）豊かな体験を通じて，感じたり，気付いたり，分かったり，できるようになったりする「知識及び技能の基礎」

（イ）気付いたことや，できるようになったことなどを使い，考えたり，試したり，工夫したり，表現したりする「思考力，判断力，表現力等の基礎」

（ウ）心情，意欲，態度が育つ中で，よりよい生活を営もうとする「学びに向かう力，人間性等」

イ アに示す資質・能力は，第2章に示すねらい及び内容に基づく保育活動全体によって育むものである。

（2）幼児期の終わりまでに育ってほしい姿

　　次に示す「幼児期の終わりまでに育ってほしい姿」は，第2章に示すねらい及び内容に基づく保育活動全体を通して資質・能力が育まれている子どもの小学校就学時の具体的な姿であり，保育士等が指導を行う際に考慮するものである。

ア 健康な心と体

　　保育所の生活の中で，充実感をもって自分のやりたいことに向かって心と体を十分に働かせ，見通しをもって行動し，自ら健康で安全な生活をつくり出すようになる。

イ 自立心

　　身近な環境に主体的に関わり様々な活動を楽しむ中で，しなければならないことを自覚し，自分の力で行うために考えたり，工夫したりしながら，諦めずにやり遂げることで達成感を味わい，自信をもって行動するようになる。

ウ 協同性

　　友達と関わる中で，互いの思いや考えなどを共有し，共通の目的の実現に向けて，考えたり，工夫したり，協力したりし，充実感をもってやり遂げるようになる。

エ 道徳性・規範意識の芽生え

　　友達と様々な体験を重ねる中で，してよいことや悪いことが分かり，自分の行動を振り返ったり，友達の気持ちに共感したりし，相手の立場に立って行動するようになる。また，きまりを守る必要性が分かり，自分の気持ちを調整し，友達と折り合いを付けながら，きまりをつくったり，守ったりするようになる。

オ　社会生活との関わり

　　家族を大切にしようとする気持ちをもつとともに，地域の身近な人と触れ合う中で，人との様々な関わり方に気付き，相手の気持ちを考えて関わり，自分が役に立つ喜びを感じ，地域に親しみをもつようになる。また，保育所内外の様々な環境に関わる中で，遊びや生活に必要な情報を取り入れ，情報に基づき判断したり，情報を伝え合ったり，活用したりするなど，情報を役立てながら活動するようになるとともに，公共の施設を大切に利用するなどして，社会とのつながりなどを意識するようになる。

カ　思考力の芽生え

　　身近な事象に積極的に関わる中で，物の性質や仕組みなどを感じ取ったり，気付いたりし，考えたり，予想したり，工夫したりするなど，多様な関わりを楽しむようになる。また，友達の様々な考えに触れる中で，自分と異なる考えがあることに気付き，自ら判断したり，考え直したりするなど，新しい考えを生み出す喜びを味わいながら，自分の考えをよりよいものにするようになる。

キ　自然との関わり・生命尊重

　　自然に触れて感動する体験を通して，自然の変化などを感じ取り，好奇心や探究心をもって考え言葉などで表現しながら，身近な事象への関心が高まるとともに，自然への愛情や畏敬の念をもつようになる。また，身近な動植物に心を動かされる中で，生命の不思議さや尊さに気付き，身近な動植物への接し方を考え，命あるものとしていたわり，大切にする気持ちをもって関わるようになる。

ク　数量や図形，標識や文字などへの関心・感覚

　　遊びや生活の中で，数量や図形，標識や文字などに親しむ体験を重ねたり，標識や文字の役割に気付いたりし，自らの必要感に基づきこれらを活用し，興味や関心，感覚をもつようになる。

ケ　言葉による伝え合い

　　保育士等や友達と心を通わせる中で，絵本や物語などに親しみながら，豊かな言葉や表現を身に付け，経験したことや考えたことなどを言葉で伝えたり，相手の話を注意して聞いたりし，言葉による伝え合いを楽しむようになる。

コ　豊かな感性と表現

　　心を動かす出来事などに触れ感性を働かせる中で，様々な素材の特徴や表現の仕方などに気付き，感じたことや考えたことを自分で表現したり，友達

同士で表現する過程を楽しんだりし，表現する喜びを味わい，意欲をもつようになる。

（『保育所保育指針』〔平成29年〕より）

【よく見て，書こう】

次にあげる幼保連携型認定こども園教育・保育要領，幼稚園教育要領，保育所保育指針の「保育および教育の目標」に関する事項について空欄を埋めましょう。

幼保連携型認定こども園 教育・保育要領	幼稚園教育要領	保育所保育指針
第1章　総則 第1　幼保連携型認定こども園における教育及び保育の基本及び目標等 1　幼保連携型認定こども園における教育及び保育の基本 　乳幼児期の教育及び保育は，子どもの健全な（①　　　）を図りつつ生涯にわたる（②　　　）を培う重要なものであり，幼保連携型認定こども園における教育及び保育は，就学前の子どもに関する教育，保育等の総合的な提供の推進に関する法律（平成18年法律第77号。以下「認定こども園法」という。）第2条第7項に規定する目的及び第9条に掲げる目標を達成するため，乳幼児期全体を通して，その（③　　　）及び（④　　　）の実態を踏まえ，（⑤　　　）を通して行うものであることを基本とし，家庭や地域での生活を含めた園児の生活全体が豊かなものとなるように努めなければならない。 　このため（⑥　　　）等は，園児との（⑦　　　）を十分に築き，園児が自ら安心して身近な環境に主体的に関わり，環境との関わり方や意味に気付き，これらを取り込もうとして，試行錯誤したり，考えたりするようになる幼児期の教育における（⑧　　　）を生かし，その活動が豊かに展開されるよう環境を整え，園児と共によりよい教育及び保育の環境を創造するように努めるものとする。これらを踏まえ，次に示す事項を重視して教育及び保育を行わなければならない。 （中略） 　その際，保育教諭等は，園児の（⑨　　　）が確保されるよう，園児一人一人の行動の（⑩　　　）に基づき，（⑪　　　）に環境を	第1章　総則 第1　幼稚園教育の基本 　幼児期の教育は，生涯にわたる（⑬　　　）を培う重要なものであり，幼稚園教育は，学校教育法に規定する目的及び目標を達成するため，（⑭　　　）を踏まえ，（⑮　　　）を通して行うものであることを基本とする。 　このため（⑯　　　）は，幼児との（⑰　　　）を十分に築き，幼児が身近な（⑱　　　）に主体的に関わり，環境との関わり方や意味に気付き，これらを取り込もうとして，試行錯誤したり，考えたりするようになる幼児期の教育における（⑲　　　）を生かし，幼児と共によりよい教育環境を創造するように努めるものとする。これらを踏まえ，次に示す事項を重視して教育を行わなければならない。 （中略） 　その際，教師は，幼児の（⑳　　　）が確保されるよう幼児一人一人の行動の理解と予想に基づき，（㉑　　　）に環境を構成しなけ	第1章　総則 1　保育所保育に関する基本原則 （2）保育の目標 ア　保育所は，子どもが生涯にわたる（㉓　　　）にとって極めて重要な時期に，その生活時間の大半を過ごす場である。このため，保育所の保育は，子どもが現在を最も良く生き，望ましい未来をつくり出す力の基礎を培うために，次の目標を目指して行わなければならない。 （中略） イ　保育所は，入所する子どもの保護者に対し，その意向を受け止め，子どもと保護者の安定した関係に配慮し，保育所の特性や保育士等の専門性を生かして，その援助に当たらなければならない。 （3）保育の方法 　保育の目標を達成するために，（㉔　　　）等は，次の事項に留意して保育しなければならない。 （中略） （4）保育の環境 　保育の環境には，保育士等や子どもなどの（㉕　　　）環境，施設や遊具などの（㉖　　　）環境，更には自然や社会の（㉗　　　）

構成しなければならない。この場合において，保育教諭等は，園児と人やものとの関わりが重要であることを踏まえ，教材を工夫し，（⑫＿＿＿＿＿）環境を構成しなければならない。また，園児一人一人の活動の場面に応じて，様々な役割を果たし，その活動を豊かにしなければならない。

　なお，幼保連携型認定こども園における教育及び保育は，園児が入園してから修了するまでの在園期間全体を通して行われるものであり，この章の第3に示す幼保連携型認定こども園として特に配慮すべき事項を十分に踏まえて行うものとする。

ればならない。この場合において，教師は，幼児と人やものとの関わりが重要であることを踏まえ，教材を工夫し，（㉒＿＿＿＿＿）環境を構成しなければならない。また，幼児一人一人の活動の場面に応じて，様々な役割を果たし，その活動を豊かにしなければならない。

などがある。保育所は，こうした人，物，場などの環境が相互に関連し合い，子どもの生活が豊かなものとなるよう，次の事項に留意しつつ，（㉘＿＿＿＿＿）に環境を構成し，工夫して保育しなければならない。

[回答欄]

①	②	③
④	⑤	⑥
⑦	⑧	⑨
⑩	⑪	⑫
⑬	⑭	⑮
⑯	⑰	⑱
⑲	⑳	㉑
㉒	㉓	㉔
㉕	㉖	㉗
㉘		

第2章 領域「人間関係」におけるねらいと内容

1. 認定こども園・幼稚園・保育所の領域「人間関係」

　ねらいとは，幼保連携型認定こども園・幼稚園・保育所において育みたい資質・能力を子どもの生活する姿からとらえたものであり，内容は，ねらいを達成するために指導する事項である。子ども自身の興味や関心，つまり「知りたい」「見たい」「やってみたい」など，自ら取り組む態度は子どもが一人で遊んでいるときにも生じるが，他者との関わりにおいて，より強くなったり長く続くことがある。保育者から受け入れられているという安心感を受けて，「やりたい」「やればできる」などの自信が生まれ，資質・能力が高められていく。

　たとえば，友達が園庭の遊具を同時に使いたがっている場合，どうしたらよいだろうか。ケンカになって，勝てば自分が独占できるが，負ければ使うことができない。また，勝って利用できるにしても，そこに至るまでには労力を要する。ここで「じゅんばんこ」という方法を取り入れてみるとどうなるだろうか。独り占めはできず，相手が利用している間は我慢しなければならないが，待てば自分も必ず利用することができる。しかも，いやな思いをしなくてすみ，一緒に楽しめる可能性すらある。すべてが思い通りになるわけではないが，楽しく満足できる。

　このような経験を実際に積んでいくなかで，子どもたちはルールの意味やよさを実感し，期待しながら順番を待つことや，「10，数えたら交代ね」と，自分たちでルールをつくることができるようになっていく。そしてそこに行き着くまでの過程は決して簡単ではなく，「～したいのに，思うようにできない」という葛

藤状態を乗り越えなければならない。そんなときに自分の気持ちを支えてくれる人を信頼し，安心し，満足しながら，自分への自信を感じ，仲間と分かち合う楽しさを知り，新たな自分となっていく。

● 「幼保連携型認定こども園教育・保育要領」における人間関係に関わる内容（抜粋）

第1　乳児期の園児の保育に関するねらい及び内容

身近な人と気持ちが通じ合う（社会的発達に関する視点，下線部筆者）

〔受容的・応答的な関わりの下で，何かを伝えようとする意欲や身近な大人との信頼関係を育て，人と関わる力の基盤を培う。〕

1　ねらい

（1）安心できる関係の下で，身近な人と共に過ごす喜びを感じる。

（2）体の動きや表情，発声等により，保育教諭等と気持ちを通わせようとする。

（3）身近な人と親しみ，関わりを深め，愛情や信頼感が芽生える。

2　内容

（1）園児からの働き掛けを踏まえた，応答的な触れ合いや言葉掛けによって，欲求が満たされ，安定感をもって過ごす。

（2）体の動きや表情，発声，喃語等を優しく受け止めてもらい，保育教諭等とのやり取りを楽しむ。

（3）生活や遊びの中で，自分の身近な人の存在に気付き，親しみの気持ちを表す。

（4）保育教諭等による語り掛けや歌い掛け，発声や喃語等への応答を通じて，言葉の理解や発語の意欲が育つ。

（5）温かく，受容的な関わりを通じて，自分を肯定する気持ちが芽生える。

3　内容の取扱い

　　上記の取扱いに当たっては，次の事項に留意する必要がある。

（1）保育教諭等との信頼関係に支えられて生活を確立していくことが人と関わる基盤となることを考慮して，園児の多様な感情を受け止め，温かく受容的・応答的に関わり，一人一人に応じた適切な援助を行うようにすること。

（2）身近な人に親しみをもって接し，自分の感情などを表し，それに相手が応答する言葉を聞くことを通して，次第に言葉が獲得されていくことを考慮して，楽しい雰囲気の中での保育教諭等との関わり合いを大切にし，ゆっくりと優しく話し掛けるなど，積極的に言葉のやり取りを楽しむこと

ができるようにすること。

第2 満1歳以上満3歳未満の園児の保育に関するねらい及び内容
人間関係
〔他の人々と親しみ，支え合って生活するために，自立心を育て，人と関わる力
を養う。〕
　1　ねらい
　（1）幼保連携型認定こども園での生活を楽しみ，身近な人と関わる心地よさ
　　　を感じる。
　（2）周囲の園児等への興味・関心が高まり，関わりをもとうとする。
　（3）幼保連携型認定こども園の生活の仕方に慣れ，きまりの大切さに気付く。
　2　内容
　（1）保育教諭等や周囲の園児等との安定した関係の中で，共に過ごす心地よ
　　　さを感じる。
　（2）保育教諭等の受容的・応答的な関わりの中で，欲求を適切に満たし，安
　　　定感をもって過ごす。
　（3）身の回りに様々な人がいることに気付き，徐々に他の園児と関わりを
　　　もって遊ぶ。
　（4）保育教諭等の仲立ちにより，他の園児との関わり方を少しずつ身につけ
　　　る。
　（5）幼保連携型認定こども園の生活の仕方に慣れ，きまりがあることや，そ
　　　の大切さに気付く。
　（6）生活や遊びの中で，年長児や保育教諭等の真似をしたり，ごっこ遊びを
　　　楽しんだりする。
　3　内容の取扱い
　　　上記の取扱いに当たっては，次の事項に留意する必要がある。
　（1）保育教諭等との信頼関係に支えられて生活を確立するとともに，自分で
　　　何かをしようとする気持ちが旺盛になる時期であることに鑑み，そのよう
　　　な園児の気持ちを尊重し，温かく見守るとともに，愛情豊かに，応答的に
　　　関わり，適切な援助を行うようにすること。
　（2）思い通りにいかない場合等の園児の不安定な感情の表出については，保
　　　育教諭等が受容的に受け止めるとともに，そうした気持ちから立ち直る経
　　　験や感情をコントロールすることへの気付き等につなげていけるように援
　　　助すること。

（3）この時期は自己と他者との違いの認識がまだ十分ではないことから，園児の自我の育ちを見守るとともに，保育教諭等が仲立ちとなって，自分の気持ちを相手に伝えることや相手の気持ちに気付くことの大切さなど，友達の気持ちや友達との関わり方を丁寧に伝えていくこと。

第3　満3歳以上の園児の教育及び保育に関するねらい及び内容

人間関係

〔他の人々と親しみ，支え合って生活するために，自立心を育て，人と関わる力を養う。〕

　1　ねらい

（1）幼保連携型認定こども園の生活を楽しみ，自分の力で行動することの充実感を味わう。

（2）身近な人と親しみ，関わりを深め，工夫したり，協力したりして一緒に活動する楽しさを味わい，愛情や信頼感をもつ。

（3）社会生活における望ましい習慣や態度を身に付ける。

　2　内容

（1）保育教諭等や友達と共に過ごすことの喜びを味わう。

（2）自分で考え，自分で行動する。

（3）自分でできることは自分でする。

（4）いろいろな遊びを楽しみながら物事をやり遂げようとする気持ちをもつ。

（5）友達と積極的に関わりながら喜びや悲しみを共感し合う。

（6）自分の思ったことを相手に伝え，相手の思っていることに気付く。

（7）友達のよさに気付き，一緒に活動する楽しさを味わう。

（8）友達と楽しく活動する中で，共通の目的を見いだし，工夫したり，協力したりなどする。

（9）よいことや悪いことがあることに気付き，考えながら行動する。

（10）友達との関わりを深め，思いやりをもつ。

（11）友達と楽しく生活する中できまりの大切さに気付き，守ろうとする。

（12）共同の遊具や用具を大切にし，皆で使う。

（13）高齢者をはじめ地域の人々などの自分の生活に関係の深いいろいろな人に親しみをもつ。

　3　内容の取扱い

　　上記の取扱いに当たっては，次の事項に留意する必要がある。

（1）保育教諭等との信頼関係に支えられて自分自身の生活を確立していくこ

とが人と関わる基盤となることを考慮し，園児が自ら周囲に働き掛けることにより多様な感情を体験し，試行錯誤しながら諦めずにやり遂げることの達成感や，前向きな見通しをもって自分の力で行うことの充実感を味わうことができるよう，園児の行動を見守りながら適切な援助を行うようにすること。

（2）一人一人を生かした集団を形成しながら人と関わる力を育てていくようにすること。その際，集団の生活の中で，園児が自己を発揮し，保育教諭等や他の園児に認められる体験をし，自分のよさや特徴に気付き，自信をもって行動できるようにすること。

（3）園児が互いに関わりを深め，協同して遊ぶようになるため，自ら行動する力を育てるようにするとともに，他の園児と試行錯誤しながら活動を展開する楽しさや共通の目的が実現する喜びを味わうことができるようにすること。

（4）道徳性の芽生えを培うに当たっては，基本的な生活習慣の形成を図るとともに，園児が他の園児との関わりの中で他人の存在に気付き，相手を尊重する気持ちをもって行動できるようにし，また，自然や身近な動植物に親しむことなどを通して豊かな心情が育つようにすること。特に，人に対する信頼感や思いやりの気持ちは，葛藤やつまずきをも体験し，それらを乗り越えることにより次第に芽生えてくることに配慮すること。

（5）集団の生活を通して，園児が人との関わりを深め，規範意識の芽生えが培われることを考慮し，園児が保育教諭等との信頼関係に支えられて自己を発揮する中で，互いに思いを主張し，折り合いを付ける体験をし，きまりの必要性などに気付き，自分の気持ちを調整する力が育つようにすること。

（6）高齢者をはじめ地域の人々などの自分の生活に関係の深いいろいろな人と触れ合い，自分の感情や意志を表現しながら共に楽しみ，共感し合う体験を通して，これらの人々などに親しみをもち，人と関わることの楽しさや人の役に立つ喜びを味わうことができるようにすること。また，生活を通して親や祖父母などの家族の愛情に気付き，家族を大切にしようとする気持ちが育つようにすること。

●「幼稚園教育要領」における人間関係に関わる内容（抜粋）

人間関係

〔他の人々と親しみ，支え合って生活するために，自立心を育て，人と関わる力を養う。〕

1　ねらい

（1）幼稚園生活を楽しみ，自分の力で行動することの充実感を味わう。

（2）身近な人と親しみ，関わりを深め，工夫したり，協力したりして一緒に活動する楽しさを味わい，愛情や信頼感をもつ。

（3）社会生活における望ましい習慣や態度を身に付ける。

2　内容

（1）先生や友達と共に過ごすことの喜びを味わう。

（2）自分で考え，自分で行動する。

（3）自分でできることは自分でする。

（4）いろいろな遊びを楽しみながら物事をやり遂げようとする気持ちをもつ。

（5）友達と積極的に関わりながら喜びや悲しみを共感し合う。

（6）自分の思ったことを相手に伝え，相手の思っていることに気付く。

（7）友達のよさに気付き，一緒に活動する楽しさを味わう。

（8）友達と楽しく活動する中で，共通の目的を見いだし，工夫したり，協力したりなどする。

（9）よいことや悪いことがあることに気付き，考えながら行動する。

（10）友達との関わりを深め，思いやりをもつ。

（11）友達と楽しく生活する中できまりの大切さに気付き，守ろうとする。

（12）共同の遊具や用具を大切にし，皆で使う。

（13）高齢者をはじめ地域の人々などの自分の生活に関係の深いいろいろな人に親しみをもつ。

3　内容の取扱い

　　上記の取扱いに当たっては，次の事項に留意する必要がある。

（1）教師との信頼関係に支えられて自分自身の生活を確立していくことが人と関わる基盤となることを考慮し，幼児が自ら周囲に働き掛けることにより多様な感情を体験し，試行錯誤しながら諦めずにやり遂げることの達成感や，前向きな見通しをもって自分の力で行うことの充実感を味わうことができるよう，幼児の行動を見守りながら適切な援助を行うようにすること。

（2）一人一人を生かした集団を形成しながら人と関わる力を育てていくよう

にすること。その際，集団の生活の中で，幼児が自己を発揮し，教師や他の幼児に認められる体験をし，自分のよさや特徴に気付き，自信をもって行動できるようにすること。

（3）幼児が互いに関わりを深め，協同して遊ぶようになるため，自ら行動する力を育てるようにするとともに，他の幼児と試行錯誤しながら活動を展開する楽しさや共通の目的が実現する喜びを味わうことができるようにすること。

（4）道徳性の芽生えを培うに当たっては，基本的な生活習慣の形成を図るとともに，幼児が他の幼児との関わりの中で他人の存在に気付き，相手を尊重する気持ちをもって行動できるようにし，また，自然や身近な動植物に親しむことなどを通して豊かな心情が育つようにすること。特に，人に対する信頼感や思いやりの気持ちは，葛藤やつまずきをも体験し，それらを乗り越えることにより次第に芽生えてくることに配慮すること。

（5）集団の生活を通して，幼児が人との関わりを深め，規範意識の芽生えが培われることを考慮し，幼児が教師との信頼関係に支えられて自己を発揮する中で，互いに思いを主張し，折り合いを付ける体験をし，きまりの必要性などに気付き，自分の気持ちを調整する力が育つようにすること。

（6）高齢者をはじめ地域の人々などの自分の生活に関係の深いいろいろな人と触れ合い，自分の感情や意志を表現しながら共に楽しみ，共感し合う体験を通して，これらの人々などに親しみをもち，人と関わることの楽しさや人の役に立つ喜びを味わうことができるようにすること。また，生活を通して親や祖父母などの家族の愛情に気付き，家族を大切にしようとする気持ちが育つようにすること。

● 「保育所保育指針」における人間関係に関わる内容（抜粋）

　1　乳児保育に関わるねらい及び内容

（2）ねらい及び内容

イ　身近な人と気持ちが通じ合う

　　受容的・応答的な関わりの下で，何かを伝えようとする意欲や身近な大人との信頼関係を育て，人と関わる力の基盤を培う。

（ア）ねらい

①　安心できる関係の下で，身近な人と共に過ごす喜びを感じる。

②　体の動きや表情，発声等により，保育士等と気持ちを通わせようとする。

③　身近な人と親しみ，関わりを深め，愛情や信頼感が芽生える。

（イ）内容

① 子どもからの働きかけを踏まえた，応答的な触れ合いや言葉がけによって，欲求が満たされ，安定感をもって過ごす。

② 体の動きや表情，発声，喃語等を優しく受け止めてもらい，保育士等とのやり取りを楽しむ。

③ 生活や遊びの中で，自分の身近な人の存在に気付き，親しみの気持ちを表す。

④ 保育士等による語りかけや歌いかけ，発声や喃語等への応答を通じて，言葉の理解や発語の意欲が育つ。

⑤ 温かく，受容的な関わりを通じて，自分を肯定する気持ちが芽生える。

（ウ）内容の取扱い

上記の取扱いに当たっては，次の事項に留意する必要がある。

① 保育士等との信頼関係に支えられて生活を確立していくことが人と関わる基盤となることを考慮して，子どもの多様な感情を受け止め，温かく受容的・応答的に関わり，一人一人に応じた適切な援助を行うようにすること。

② 身近な人に親しみをもって接し，自分の感情などを表し，それに相手が応答する言葉を聞くことを通して，次第に言葉が獲得されていくことを考慮して，楽しい雰囲気の中での保育士等との関わり合いを大切にし，ゆっくりと優しく話しかけるなど，積極的に言葉のやり取りを楽しむことができるようにすること。

2 1歳以上3歳未満児の保育に関わるねらい及び内容

（2）ねらい及び内容

イ 人間関係

他の人々と親しみ，支え合って生活するために，自立心を育て，人と関わる力を養う。

（ア）ねらい

① 保育所での生活を楽しみ，身近な人と関わる心地よさを感じる。

② 周囲の子ども等への興味や関心が高まり，関わりをもとうとする。

③ 保育所の生活の仕方に慣れ，きまりの大切さに気付く。

（イ）内容

① 保育士等や周囲の子ども等との安定した関係の中で，共に過ごす心地よさを感じる。

②　保育士等の受容的・応答的な関わりの中で，欲求を適切に満たし，安定感をもって過ごす。

③　身の回りに様々な人がいることに気付き，徐々に他の子どもと関わりをもって遊ぶ。

④　保育士等の仲立ちにより，他の子どもとの関わり方を少しずつ身につける。

⑤　保育所の生活の仕方に慣れ，きまりがあることや，その大切さに気付く。

⑥　生活や遊びの中で，年長児や保育士等の真似をしたり，ごっこ遊びを楽しんだりする。

（ウ）内容の取扱い

　　上記の取扱いに当たっては，次の事項に留意する必要がある。

①　保育士等との信頼関係に支えられて生活を確立するとともに，自分で何かをしようとする気持ちが旺盛になる時期であることに鑑み，そのような子どもの気持ちを尊重し，温かく見守るとともに，愛情豊かに，応答的に関わり，適切な援助を行うようにすること。

②　思い通りにいかない場合等の子どもの不安定な感情の表出については，保育士等が受容的に受け止めるとともに，そうした気持ちから立ち直る経験や感情をコントロールすることへの気付き等につなげていけるように援助すること。

③　この時期は自己と他者との違いの認識がまだ十分ではないことから，子どもの自我の育ちを見守るとともに，保育士等が仲立ちとなって，自分の気持ちを相手に伝えることや相手の気持ちに気付くことの大切さなど，友達の気持ちや友達との関わり方を丁寧に伝えていくこと。

3　3歳以上児の保育に関するねらい及び内容

（2）ねらい及び内容

イ　人間関係

　　他の人々と親しみ，支え合って生活するために，自立心を育て，人と関わる力を養う。

（ア）ねらい

①　保育所の生活を楽しみ，自分の力で行動することの充実感を味わう。

②　身近な人と親しみ，関わりを深め，工夫したり，協力したりして一緒に活動する楽しさを味わい，愛情や信頼感をもつ。

③　社会生活における望ましい習慣や態度を身に付ける。

（イ）内容

① 保育士等や友達と共に過ごすことの喜びを味わう。

② 自分で考え，自分で行動する。

③ 自分でできることは自分でする。

④ いろいろな遊びを楽しみながら物事をやり遂げようとする気持ちをもつ。

⑤ 友達と積極的に関わりながら喜びや悲しみを共感し合う。

⑥ 自分の思ったことを相手に伝え，相手の思っていることに気付く。

⑦ 友達のよさに気付き，一緒に活動する楽しさを味わう。

⑧ 友達と楽しく活動する中で，共通の目的を見いだし，工夫したり，協力したりなどする。

⑨ よいことや悪いことがあることに気付き，考えながら行動する。

⑩ 友達との関わりを深め，思いやりをもつ。

⑪ 友達と楽しく生活する中できまりの大切さに気付き，守ろうとする。

⑫ 共同の遊具や用具を大切にし，皆で使う。

⑬ 高齢者をはじめ地域の人々などの自分の生活に関係の深いいろいろな人に親しみをもつ。

（ウ）内容の取扱い

　　上記の取扱いに当たっては，次の事項に留意する必要がある。

① 保育士等との信頼関係に支えられて自分自身の生活を確立していくことが人と関わる基盤となることを考慮し，子どもが自ら周囲に働き掛けることにより多様な感情を体験し，試行錯誤しながら諦めずにやり遂げることの達成感や，前向きな見通しをもって自分の力で行うことの充実感を味わうことができるよう，子どもの行動を見守りながら適切な援助を行うようにすること。

② 一人一人を生かした集団を形成しながら人と関わる力を育てていくようにすること。その際，集団の生活の中で，子どもが自己を発揮し，保育士等や他の子どもに認められる体験をし，自分のよさや特徴に気付き，自信をもって行動できるようにすること。

③ 子どもが互いに関わりを深め，協同して遊ぶようになるため，自ら行動する力を育てるとともに，他の子どもと試行錯誤しながら活動を展開する楽しさや共通の目的が実現する喜びを味わうことができるようにすること。

④ 道徳性の芽生えを培うに当たっては，基本的な生活習慣の形成を図るとともに，子どもが他の子どもとの関わりの中で他人の存在に気付き，相手を尊重する気持ちをもって行動できるようにし，また，自然や身近な動植

物に親しむことなどを通して豊かな心情が育つようにすること。特に，人に対する信頼感や思いやりの気持ちは，葛藤やつまずきをも体験し，それらを乗り越えることにより次第に芽生えてくることに配慮すること。

⑤　集団の生活を通して，子どもが人との関わりを深め，規範意識の芽生えが培われることを考慮し，子どもが保育士等との信頼関係に支えられて自己を発揮する中で，互いに思いを主張し，折り合いを付ける体験をし，きまりの必要性などに気付き，自分の気持ちを調整する力が育つようにすること。

⑥　高齢者をはじめ地域の人々などの自分の生活に関係の深いいろいろな人と触れ合い，自分の感情や意志を表現しながら共に楽しみ，共感し合う体験を通して，これらの人々などに親しみをもち，人と関わることの楽しさや人の役に立つ喜びを味わうことができるようにすること。また，生活を通して親や祖父母などの家族の愛情に気付き，家族を大切にしようとする気持ちが育つようにすること。

2. 人間関係の育ちを支える保育者

　子どもが経験するものや人，それらとの関わりのうち，重要なものが保育内容である。園では，動植物・砂場・つみ木・保育者・友達などのさまざまな「もの」「人」「状況」，さらに，言葉や言葉以外の他者とのコミュニケーション，その他の多様な表現や，関わりのなかでの自分自身の心やからだとの出会いがある。

　これらのものをまとめたものが5領域，すなわち「健康」「人間関係」「環境」「言葉」「表現」である。子どもの発達や成長は，長い時間をかけて進むものであるため，保育内容のねらいおよび内容は，認定こども園や幼稚園，保育所で過ごす期間の全体を見通して，長期的な展望をもって目指していく大きな方向性として考えるべきである。

　園での指導は，遊びや生活を通しての総合的な指導であり，ある領域のねらいのみを重視することはあっても，領域ごとの指導を細かく実施するものではない。5領域は，遊びや生活のなかで深く関連しあっており，なかでも「人間関係」は，領域の基礎となるものである。

ある日の連絡帳から

①1歳児クラス8月の連絡帳より

　お友達からおもちゃを貸してほしいけれど，貸してもらえないとき，○○ちゃんがひと言「ルンバ来るよ！」と言いました。担任が「○○ちゃん，ルンバが来るの？」と聞くと，少し困った表情をしていました。「保育園にはルンバはいないよ。○○ちゃんのおうちのルンバ？」とたずねると，みるみるうちに顔が"どうしよう（ルンバ来たら）""こまった……"の顔になっていてかわいかったです。

【解説】　子どもが家庭での「ルンバ来るよ！」と叱られた経験を友達に模倣している事例である。友達とのうまくいかないやり取りのなかで，思いついた言葉で表現し，なんとかしておもちゃを借りようとする。その後，保育者とのやり取りのなかで，自らにとっても家庭で叱られているように，ルンバが苦手なものであったことを思い出し，認識し，後悔にも似た表情を浮かべている。このように，領域「人間関係」の内容が，「表現」「言葉」など，ほかの領域の内容と関連しあっており，子どもはこれらの内容を総合的に経験し，ねらいの実現へとつながってゆくのである。

②2歳児クラス5月の連絡帳より

　園庭で虫かごをもって，「カブトムシの幼虫いるよー！」とうれしそう

にもち歩く〇〇ちゃん。砂がたくさん入っていて，虫が本当に入っているのかはわかりませんが，見に来たお友達に一生懸命中身について説明していました。そのあと，お部屋では保育者が病人役になり，Aちゃん，Bちゃんとお医者さんになり，ギプスをしてくれたり，注射やお薬をしてくれたり，盛りあがりましたよ。

【解説】保育者を患者に見立ててお医者さんごっこで遊ぶ姿から，「人間関係」や「言葉」のやり取りだけではなく，「健康」「表現」の内容とも関わっていることがわかる。さらに，このような遊びを導いた保育者の姿は，人的「環境」によるものである。園庭での遊びからも，5領域のさまざまな内容が重なり合って遊ぶ姿をとらえることができる。

　園での子どもの様子を具体的に知らせるのが「連絡帳」の役割である。家庭と両方の姿を互いに知ることで，子どもへの理解も深まってゆく。保育者の関わり方の姿勢を示すことも，保護者にとっては子育ての参考になることがある。

　保育者は，子どもの遊びや生活が楽しく意欲的なものになるように環境設定を行うが，保育者自身も子どもにとって安心できる存在になったり，遊びや生活のモデルになるという環境の一部になっており，これを人的環境と呼ぶ。保育者は，自身が環境の一部であることを意識しながら，子どもが積極的に環境に関わることができるように援助をしていく必要がある。たとえば，はじめてのすべり台では「カンカンカン，ふみきりでーす。次は通れます」などと保育者が間隔を調整して安全に遊べるようにしていくことで，のびのびと安全に過ごすことができ，友達と楽しく遊ぶことの楽しさにつながってゆく。

【よく見て，書こう】

（1） 次にあげる幼保連携型認定こども園教育・保育要領，幼稚園教育要領，保育所保育指針の領域「人間関係」における「ねらい」および「内容」に関する事項について空欄を埋めましょう。

①満3歳以上の子どもの領域「人間関係」

幼保連携型認定こども園教育・保育要領	幼稚園教育要領	保育所保育指針
〔他の人々と親しみ，支え合って生活するために，自立心を育て，人と関わる力を養う。〕 1　ねらい （1）幼保連携型認定こども園の（①　　　）を楽しみ，自分の力で行動することの（②　　　）を味わう。 （2）身近な人と親しみ，関わりを深め，工夫したり，協力したりして一緒に活動する楽しさを味わい，（③　　　）や（④　　　）をもつ。 （3）（⑤　　　）における望ましい（⑥　　　）や（⑦　　　）を身に付ける。 2　内容 （1）保育教諭等や友達と共に過ごすことの（⑧　　　）を味わう。 （2）自分で考え，（⑨　　　）で行動する。 （3）（⑩　　　）でできることは自分でする。 （4）いろいろな遊びを楽しみながら物事を（⑪　　　）とする気持ちをもつ。 （5）（⑫　　　）と積極的に関わりながら喜びや悲しみを（⑬　　　）し合う。 （6）自分の思ったことを相手に（⑭　　　），相手の思っていることに（⑮　　　）。 （7）（⑯　　　）に気付き，一緒に活動する楽しさを味わう。 （8）友達と楽しく活動する中で，（⑰　　　）を見いだし，工夫したり，（⑱　　　）したりなどする。 （9）（⑲　　　）ことや（⑳　　　）ことがあることに気付き，考えながら行動する。	〔他の人々と親しみ，支え合って生活するために，自立心を育て，人と関わる力を養う。〕 1　ねらい （1）幼稚園（①　　　）を楽しみ，自分の力で行動することの（②　　　）を味わう。 （2）身近な人と親しみ，関わりを深め，工夫したり，協力したりして一緒に活動する楽しさを味わい，（③　　　）や（④　　　）をもつ。 （3）（⑤　　　）における望ましい（⑥　　　）や（⑦　　　）を身に付ける。 2　内容 （1）先生や友達と共に過ごすことの（⑧　　　）を味わう。 （2）自分で考え，（⑨　　　）で行動する。 （3）（⑩　　　）できることは自分でする。 （4）いろいろな遊びを楽しみながら物事を（⑪　　　）とする気持ちをもつ。 （5）（⑫　　　）と積極的に関わりながら喜びや悲しみを（⑬　　　）し合う。 （6）自分の思ったことを相手に（⑭　　　），相手の思っていることに（⑮　　　）。 （7）（⑯　　　）に気付き，一緒に活動する楽しさを味わう。 （8）友達と楽しく活動する中で，（⑰　　　）を見いだし，工夫したり，（⑱　　　）したりなどする。 （9）（⑲　　　）ことや（⑳　　　）ことがあることに気付き，考えながら行動する。	他の人々と親しみ，支え合って生活するために，自立心を育て，人と関わる力を養う。 （ア）ねらい ①　保育所の（①　　　）を楽しみ，自分の力で行動することの（②　　　）を味わう。 ②　身近な人と親しみ，関わりを深め，工夫したり，協力したりして一緒に活動する楽しさを味わい，（③　　　）や（④　　　）をもつ。 ③　（⑤　　　）における望ましい（⑥　　　）や（⑦　　　）を身に付ける。 （イ）内容 ①　保育士等や友達と共に過ごすことの（⑧　　　）を味わう。 ②　自分で考え，（⑨　　　）で行動する。 ③　（⑩　　　）できることは自分でする。 ④　いろいろな遊びを楽しみながら物事を（⑪　　　）とする気持ちをもつ。 ⑤　（⑫　　　）と積極的に関わりながら喜びや悲しみを（⑬　　　）し合う。 ⑥　自分の思ったことを相手に（⑭　　　），相手の思っていることに（⑮　　　）。 ⑦　（⑯　　　）に気付き，一緒に活動する楽しさを味わう。 ⑧　友達と楽しく活動する中で，（⑰　　　）を見いだし，工夫したり，（⑱　　　）したりなどする。 ⑨　（⑲　　　）ことや（⑳　　　）ことがあることに気付き，考えながら行動する。

| (10) 友達との関わりを深め，(㉑　　　　) をもつ。
(11) 友達と楽しく生活する中で (㉒　　　　) の大切さに気付き，(㉓　　　　) とする。
(12) (㉔　　　　) の遊具や用具を大切にし，皆で使う。
(13) (㉕　　　　) をはじめ (㉖　　　　) の人々などの自分の生活に関係の深いいろいろな人に親しみをもつ。 | (10) 友達との関わりを深め，(㉑　　　　) をもつ。
(11) 友達と楽しく生活する中で (㉒　　　　) の大切さに気付き，(㉓　　　　) とする。
(12) (㉔　　　　) 共同の遊具や用具を大切にし，皆で使う。
(13) (㉕　　　　) をはじめ (㉖　　　　) の人々などの自分の生活に関係の深いいろいろな人に親しみをもつ。 | ⑩　友達との関わりを深め，(㉑　　　　) をもつ。
⑪　友達と楽しく生活する中で (㉒　　　　) の大切さに気付き，(㉓　　　　) とする。
⑫　(㉔　　　　) の遊具や用具を大切にし，皆で使う。
⑬　(㉕　　　　) をはじめ (㉖　　　　) の人々などの自分の生活に関係の深いいろいろな人に親しみをもつ。 |

[(1)　①　満3歳以上の子どもの領域「人間関係」回答欄]

①	②	③
④	⑤	⑥
⑦	⑧	⑨
⑩	⑪	⑫
⑬	⑭	⑮
⑯	⑰	⑱
⑲	⑳	㉑
㉒	㉓	㉔
㉕	㉖	

②満1歳以上満3歳未満の子どもの領域「人間関係」

幼保連携型認定こども園教育・保育要領	保育所保育指針
〔他の人々と親しみ，支え合って生活するために，（①＿＿＿＿＿＿）を育て，人と関わる力を養う。〕	他の人々と親しみ，支え合って生活するために，（①＿＿＿＿＿＿）を育て，人と関わる力を養う。
1　ねらい （1）幼保連携型認定こども園での（②＿＿＿＿＿）を（③＿＿＿＿＿），身近な人と関わる心地よさを感じる。 （2）（④＿＿＿＿＿）の園児等への（⑤＿＿＿＿＿）・（⑥＿＿＿＿＿）が高まり，関わりをもとうとする。 （3）幼保連携型認定こども園の（⑦＿＿＿＿＿）に慣れ，（⑧＿＿＿＿＿）きまりの大切さに気付く。	（ア）ねらい ①　保育所での（②＿＿＿＿＿）を（③＿＿＿＿＿），身近な人と関わる心地よさを感じる。 ②　（④＿＿＿＿＿）の子ども等への（⑤＿＿＿＿＿）や（⑥＿＿＿＿＿）が高まり，関わりをもとうとする。 ③　保育所の（⑦＿＿＿＿＿）に慣れ，（⑧＿＿＿＿＿）の大切さに気付く。
2　内容 （1）保育教諭等や周囲の園児等との（⑨＿＿＿＿＿）の中で，共に過ごす（⑩＿＿＿＿＿）を感じる。 （2）保育教諭等の（⑪＿＿＿＿＿）・（⑫＿＿＿＿＿）な関わりの中で，欲求を適切に満たし，安定感をもって過ごす。 （3）（⑬＿＿＿＿＿）に様々な人がいることに気付き，徐々に他の園児と関わりをもって遊ぶ。 （4）保育教諭等の（⑭＿＿＿＿＿）により，他の園児との（⑮＿＿＿＿＿）を少しずつ身につける。 （5）幼保連携型認定こども園の（⑯＿＿＿＿＿）に慣れ，（⑰＿＿＿＿＿）があることや，その大切さに気付く。 （6）生活や遊びの中で，（⑱＿＿＿＿＿）や保育教諭等の（⑲＿＿＿＿＿）をしたり，ごっこ遊びを楽しんだりする。	（イ）内容 ①　保育士等や周囲の子ども等との（⑨＿＿＿＿＿）の中で，共に過ごす（⑩＿＿＿＿＿）を感じる。 ②　保育士等の（⑪＿＿＿＿＿）・（⑫＿＿＿＿＿）な関わりの中で，欲求を適切に満たし，安定感をもって過ごす。 ③　（⑬＿＿＿＿＿）に様々な人がいることに気付き，徐々に他の子どもと関わりをもって遊ぶ。 ④　保育士等の（⑭＿＿＿＿＿）により，他の子どもとの（⑮＿＿＿＿＿）を少しずつ身につける。 ⑤　保育所の（⑯＿＿＿＿＿）に慣れ，（⑰＿＿＿＿＿）があることや，その大切さに気付く。 ⑥　生活や遊びの中で，（⑱＿＿＿＿＿）や保育士等の（⑲＿＿＿＿＿）をしたり，ごっこ遊びを楽しんだりする。

[（1）　②　満1歳以上満3歳未満の子どもの領域「人間関係」回答欄]

①	②	③
④	⑤	⑥
⑦	⑧	⑨
⑩	⑪	⑫
⑬	⑭	⑮

⑯	⑰	⑱
⑲		

（2）　次にあげる幼保連携型認定こども園教育・保育要領の乳児期の園児の保育
　　および保育所保育指針の乳児保育に関わる社会的発達に対する視点「身近な
　　人と気持ちが通じ合う」に関する事項について空欄を埋めましょう。

乳児期に園児および乳児保育における視点「身近な人と気持ちが通じ合う」

幼保連携型認定こども園教育・保育要領	保育所保育指針
〔（①　　　　　　）・（②　　　　　　）な関わりの下で，何か を伝えようとする意欲や身近な大人との（③　　　　　　） を育て，人と関わる力の基盤を培う。〕 1　ねらい （1）安心できる関係の下で，（④　　　　　　）と共に過ご す喜びを感じる。 （2）体の動きや表情，発声等により，保育教諭等と（⑤ 　　　　　　）を（⑥　　　　　　）とする。 （3）身近な人と親しみ，関わりを深め，（⑦　　　　　　） や（⑧　　　　　　）が芽生える。 2　内容 （1）園児からの働き掛けを踏まえた，応答的な（⑨ 　　　　　　）や言葉掛けによって，欲求が満たされ，（⑩ 　　　　　　）をもって過ごす。 （2）体の動きや表情，発声，喃語等を優しく（⑪ 　　　　）てもらい，保育教諭等との（⑫　　　　　　）を楽し む。 （3）生活や遊びの中で，自分の（⑬　　　　　　）の存在 に気付き，（⑭　　　　　　）の気持ちを表す。 （4）保育教諭等による語り掛けや歌い掛け，発声や喃語 等への応答を通じて，（⑮　　　　　　）の理解や（⑯ 　　　　　）の意欲が育つ。 （5）温かく，受容的な関わりを通じて，自分を（⑰ 　　　　　）する気持ちが芽生える。	（①　　　　　　）・（②　　　　　　）な関わりの下で，何か を伝えようとする意欲や身近な大人との（③　　　　　　） を育て，人と関わる力の基盤を培う。 （ア）ねらい ①　安心できる関係の下で，（④　　　　　　）と共に過ご す喜びを感じる。 ②　体の動きや表情，発声等により，保育士等と（⑤ 　　　　　　）を（⑥　　　　　　）とする。 ③　身近な人と親しみ，関わりを深め，（⑦　　　　　　） や（⑧　　　　　　）が芽生える。 （イ）内容 ①　子どもからの働きかけを踏まえた，応答的な（⑨ 　　　　　　）や言葉がけによって，欲求が満たされ，（⑩ 　　　　　　）をもって過ごす。 ②　体の動きや表情，発声，喃語等を優しく（⑪ 　　　　）てもらい，保育士等との（⑫　　　　　　）を楽しむ。 ③　生活や遊びの中で，自分の（⑬　　　　　　）の存在に 気付き，（⑭　　　　　　）の気持ちを表す。 ④　保育士等による語りかけや歌いかけ，発声や喃語等へ の応答を通じて，（⑮　　　　　　）の理解や（⑯ 　　　　）の意欲が育つ。 ⑤　温かく，受容的な関わりを通じて，自分を（⑰ 　　　　）する気持ちが芽生える。

[（2） 乳児期の園児および乳児保育における視点「身近な人と気持ちが通じ合う」

回答欄]

①	②	③
④	⑤	⑥
⑦	⑧	⑨
⑩	⑪	⑫
⑬	⑭	⑮
⑯	⑰	

第3章 身近な人との関わりと発達

1. 愛着の形成と分離行動

お父さんとの愛着形成　はじめの一歩

（0歳児）

　長男が産まれたときからこれまで，子どもが父親に少しでも愛着を感じてほしいという筆者の思いをくんで，主人は積極的に育児に参加してくれた。
　新生児期から，ほぼ毎日の沐浴をこなしてくれた。生後1か月ごろからは，浴室で子どもと主人が入浴するようになり，男同士のかけがえのないひとときを過ごしているようだった。ある日，主人が出張で時間が取れなくなり，筆者が息子と入浴することになった。入浴を除けば，育児のほとんどをこなしていたので，大丈夫だと自信をもっていた。浴室に入るまでは静かに抱かれていたが，湯船に浸かった瞬間，子どもの顔がみるみるうちに紅潮し，大きな声をあげて激しく泣き出した。「パパじゃない！」と主張するかのように，不快感を全身で表現しているようだった。
　積極的に育児参加をしてくれた主人のおかげで，小学1年生になった息子は，すてきな「お父さんっ子」に成長した。さまざまな遊びや生活の場面で，ことあるごとにお父さんがご指名されている。

　3歳ごろまでに人との関わりの基本となる「愛着」は形成される。愛着とは，特定の人との間に形成される心理的な絆のことである。この愛着が形成されることで，人と関わりたいと思うようになり，また人と関わることが楽しく感じ，いろいろな人との関係づくりが広がっていくのである。逆に，愛着が形成されない場合には，人と関わることを好ましく思えず，人と関わりをもつことに積極的になれないことが多かったり，関わることに対して不安を感じすぎてしまうことがある。そのため，乳幼児期に保護者との間に愛着を形成することが，人との関わりを広げたり深めたりするための土台となる。

　子どもに対する保護者の対応によって，さまざまな愛着の関係が形成されていくが，かつてはこの愛着が母親との間に形成されるものとして理解されていた。しかし，今日では母親だけではなく，父親や祖父母などの家族，あるいは身近な保護者との間に形成されることで，子どもが健全に育っていくことができる。このように，子どもの健全な発達には，母親を含めた特定の保護者の存在，子どもからのサインに応える特定の保護者の関わりが重要である。子どもに関わる大人は，愛着が形成されるような環境づくりを心がけることが必要である。

　子どもは形成された愛着をもとにして，自分のまわりの環境に働きかけていく。たとえば，知らない人が自分の目の前にいるとき，保護者の表情や言葉から，知らない人が自分にとって危険な存在かそうでないかを判断する。あるいは，目の前のおもちゃにさわってみたものの，それでよかったのかどうかといった判断も，保護者の様子から推測したりする。また，保護者が子どもにとっての基地になっ

第3章　身近な人との関わりと発達

43

ていることは，たとえば，おもちゃで楽しく遊んでいたのに急に動かなくなって怒ったり泣いたりして，大人のもとに行き，訴えようとする行動などに表現されている。

　子どもは1歳を過ぎるころから，自分の足で移動することができるようになる。こうなると，子どもは好奇心をもって，さまざまな対象に向かっていく。この好奇心の支えとなっているのは，見守っていてくれる大人の存在であり，その大人との間に形成されている信頼関係である。愛着が形成されているから，近くに保護者がいなくても自分の興味，関心のあるところに向かっていくという，分離行動が可能となる。

　この分離行動は，愛着の形成のもとに可能になり，そのなかで子どもは自立できるようになっていく。いつでも依存できる，甘えられる場所が確保されているという確信があること，すなわち保護者との間に愛着が形成され，自分を受け止めてくれる存在があることを，子ども自身が理解することが重要であり，保護者はそのような存在でなければならない。

2. 自我の芽生え

お母さん笑わないで！

（3歳児）

　ある朝，4月に3歳になった娘と保育園へ登園したときのこと。仕事へ行くために少し気持ちが急いでいた筆者は，娘に早く靴を履きなさいと少しイライラしながら伝えてしまった。「まって！　まってよぉ〜！」と悲しげな表情を浮かべてもあまり筆者が相手をしてくれないせいで，なかなか靴を履きたがらず，そのうち「お母さん，履かせて！」とおねだりが始まった。筆者も負けじと，「靴を履きなさい」と根気強く伝えるが，「履かせてよぉ〜」と娘も譲らない。そうこうしているうちにどんどん時間が経ってしまうので，靴をもち，娘を抱きかかえて車に乗せて保育園へ連れて行ってしまった。

　保育園に到着したあとも，顔を真っ赤にして「お母さんなんてもう知らないんだからね！」と怒っていた。なのに，いつもの癖で筆者の手を

ぎゅっと握っていたので,その姿がかわいいなあと思ってしまい,思わずプッとふきだしてしまった。それを見た娘は「お母さん笑わないで！」「お母さんのいじわる！」とますます怒っていた。娘はカンカンのまま保育室のベランダに到着し,筆者に今度は靴を「ぬがせてよぉ〜！」と怒りながらのおねだりが始まった。娘の大きな声が聞こえたのか,そこへ担任の保育者がやってきた……。

　子どもの自我の成長にともない,親と子の気持ちがぶつかるようになる時期である。歩行ができるようになり,自由に探索を楽しみ,出会うものすべてに興味関心をもつ子どもは,大人にとっては心配でも,子どものやり方でさわり,振り回す,落としてみるなどの行動をとる。大人の事情も伝えなければならないが,欲求がすべて拒否されてしまうと,子どももそれに対して抗議し,親と子の関係が対立することとなる。これまで,ほとんど何でも受け入れられて育ってきた子どもが,相手の意図を読む力や言葉の理解力が増していくと同時に,親は「しつけ」という課題と向き合うこととなる。

　ここで,子どもへ教え込むことに一生懸命になると,子どもの気持ちを無視することになりかねない。親に否定され自分の気持ちがわかってもらえないと感じた子どもは,親を困らせるあらゆる方法を考えてさらに自己主張をする。親と子の対立関係が,ますます拡大することとなる。

　親子の対立関係が際立つ前に,子どもの気持ちを察して関わることが重要となる。自己主張が受け入れられないのは,否定しているのではないということを伝えつつ,ぶつかる毎日を通して,子どもは相手の思いに少しずつ気づいたり,相

手の思いを試したりを繰り返し，やがて，どうにか折り合いをつけていく経験を重ねていくようになることが，子どもの育ちにとって重要である。

3. 思いやイメージを言葉で表現する

かみなりさまとおへそ

（6歳児）

　雨の日の夜，6歳の息子が，「お母さん，かみなりさまって本当におへそを取りに来るのかい？」と聞いてきた。おっ？　なかなかおもしろい質問だなあ，それにしても雷が怖いのかな？　などと思いつつ，「おへそを取られると，何か困ることあるかな？」と聞き返してみた。

　「う〜〜ん……いや，あれっ？　んっ？……全然困らないね！」「むしろ取ってもらったほうが，おへそにゴミが入らなくていいね！」とやや興奮気味にこたえてくれた。その後，すっきりした表情で布団に入ってしばらくすると，「……ところでお母さん，かみなりさまはおへそを集めて何に使うんだろうね」と聞いてきた。

子どもの認知機能の発達が進み，言葉でのやり取りがスムーズに行えるようになると，自分の思いやイメージを言葉で表現できるようになる。

　会話によって，さまざまな場面を思い浮かべて，大人のように論理的に筋道を立てて行動するようになる。友達同士の関わりにおいても，意見を聞く，我慢する，譲ることなどができるようになってくる。自分の思いや感情だけで行動することが減っていく。友達に対して，ケンカにならないように言葉を選ぶようになったり，ルールや約束事を理解できるようになっていく。さらには，相手の得意・不得意なものや，性格，特徴・特性などについて考えるようになり，人間関係のなかでの力関係に気づき，友達同士の関わりでも，その影響がみられ始める。

　大人は，子ども同士で関われるようになると目を離して，その様子をとらえられない機会が増えてくるが，まだ学ぶ段階であることを認識し，必要な場面では相手の気持ちや立場が理解できるように援助したり，子どもの気持ちを支える役割を果たしていけるようにしたい。

【ふり返って，考えよう】

（1）①　あなたにとって「信頼できる身近な人」を考え，2人以上あげてその理由を考えましょう。

人の名前	あなたとの関係性	信頼できる理由
1人目　　　　さん		
2人目　　　　さん		
さん		

②　1人目,2人目の「信頼できる理由」に関して，共通する部分はありますか。それはどんなところか考えましょう。

（2）① あなたが今までにかかわってきた人や所属の図を例を参考に書きましょう。

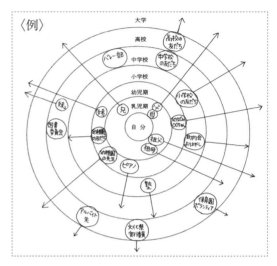

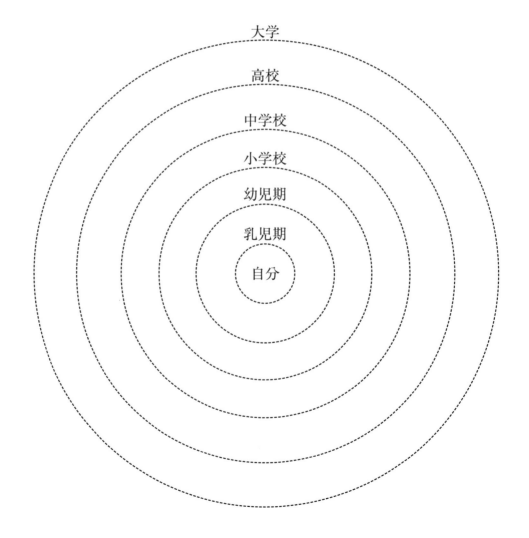

② 図を作成して「あなた自身の人間関係の広がり」について，気づいたことを
　書きましょう。

〈MEMO〉

第4章 保育者に求められている人間関係

1. 乳児期の関わり

　保育所や認定こども園では，0歳児から入所・入園することができる。この場合は，食事・排泄など，すべてにおいて保育者の支援を必要としており，保護者のかわりとして，養育者として関わっていかなければならない。

　保育者は，まず子どもと目を合わせ，温かい笑顔で抱っこしながら，養育者として生活面の援助を継続していく。日々の生活の繰り返しのなかで，子どもは保育者を信頼できる他者と感じるようになっていく。遊びのなかにおいても，子どもと視線を交わし，言葉をかけながら，遊びの共有を重ねることで関係性を形成していくことが大切である。このような温かい関係が，乳児期の愛着の形成につながっていくのである。

事例

ある実習生の日誌から

（0歳児）

　登園後，保育者のそばでお気に入りのおもちゃを手にもったり，お友達が遊んでいるのをじっと見たりしている。保育者は，「Yくんのお気に入りだね」とやさしく言葉をかけたりしながら遊びを共有している。このような共感を示す場面から，言葉の発達をうながすことにつながるのだと思う。

その後，遅く登園してきた子どもに対応するため，「大丈夫かな」と言って，Yくんを実習生に預ける。Yくんは実習生に抱かれて，体をのけぞらせて大声で泣き出す。Yくんは月齢でいうと8か月で，ちょうど人見知りの時期であることがわかる。立ちあがってしばらくあやしたが，泣き続けているので，担当の保育者が交代し，「やさしいお姉さんだよ，大丈夫だよ」と言い，実習生に顔を向けようとする。

保育者に抱かれたYくんは，じっと実習生を見つめている。Yくんの人見知りからも，心の発達が順調であることを，担任の先生から指導していただいた。実習期間中に少しずつ慣れてくれるよう関わっていきたい。

人見知りとは，相手の意図を読み取ろうとするなかで，見慣れない人を避けようとすることをいう。養育者に抱かれて，遠くから様子を見て，どんな人なのかを探る。その際に養育者と見知らぬ人とのやり取りからも情報を得ていく。やがて安全なようだと感じ，子どもから物の受け渡しなど，何かしらの働きかけをきっかけとして，コミュニケーションが形成されてゆくのである。

2. 幼児期の関わり

子どもは，大人との信頼関係をもとにして，子ども同士の関係をもつようになる。子どもの基本的信頼感は，保育者が子どもの示す，さまざまな行動や欲求に，適切に応答することで芽生えていくと同時に，保育者との間に情緒的な絆が結ばれていく。

ありのままの姿の子どもを受け入れ，子どもの行動や表情を読み取り，子どもの気持ちや要求を理解することが大切である。子どもの思いをていねいにとらえ，

肯定的に受け止め，共感したりする繰り返しのなかで，子どもの気持ちを深く理解できるようになっていく。ここで注意しなければならないのは，言葉などの表面だけでは見えないこともあると認識しておくことである。

「かして」「いいよ」

プール遊びのなかで，ペットボトルのシャワーで遊んでいたMちゃんを眺めていたRくんは，自分も遊んでみたくなり，「かして」とお願いした。Mちゃんは「いいよ」と，Rくんに遊んでいたおもちゃを差し出した。Rくんは，「ありがとう」と言って楽しそうに遊び始めた。Mちゃんは，Rくんが遊んでいる様子をずっと見ていた。

このようなとき，それぞれの子どもに保育者はどのように関わっていけばよいのだろうか。Mちゃんに「えらかったね」「すてきだね」と声をかけたらよいと考えるかもしれない。しかし，MちゃんがRくんをずっと見ていた様子から，本当は渡したくなかったのかもしれない。

そう考えると「Mちゃん，まだ遊びたいんだよね？　そんなときは，まだ貸さなくてもいいんだよ」と言葉で援助したほうがよいのかもしれない。そして，Rくんには，「貸してもらえてよかったね」と伝えるのか，「Rくん，Mちゃんがまだ遊んでいたいみたいだから，別のおもちゃを探しにいこうか」と声をかけるの

か，さまざまな選択肢が考えられる。

　子どもは，自分の気持ちを言葉で伝えるとは限らない。さまざまな思いがあっても，まだ十分に伝えられない子どもがいる。そして，言葉を知っていても，どう表現してよいかわからなかったり，表現したくないと思う子どももいるかもしれない。

　子どもの行動を見守りながら，適切な援助を行おうと努めるとき，保育者は一人ひとりの子どもとの間に信頼関係をつくり出すとともに，子どもの言葉や行動，あるいはその表情や姿勢に細心の注意を向けている。子どもが何を実現したいと思っているのかを感じながら，自分で課題を乗り越えられるように，時間をかけて子どもと向かい合っていく。子どもは，保育者を通して，知識や技能だけではなく，人との関わり，生き方，人間というものについて，自分についてなど，多種多様な学びを獲得していく。

3. 保育者同士の関わり

　保育を実践するためには，さまざまな教材を準備したり，環境を整えたりすることが必要である。さらに研究や研修で自分を高め，それを実践へ活用することが重要である。保育者は1日を振り返りながら，明日はこんな経験をしてほしいと願い，遊びの準備や環境を整えている。

　そのようななかで，保育に迷ったとき，困ったとき，これからの保育を考えるときに，隣のクラスの保育者などに自分の思いを伝え相談できることができれば，非常に心強い保育者の環境となる。ベテランの保育者は自分の経験からアドバイスをしたり，教材の提供をしたりすることで，自身のこれまでの保育をふり返ることにもつながり，若手の保育者は，先輩の子どもへの言葉かけや関わり方を学ぶこともできる。さらには，何年も経験を積んできた保育者であっても，ときには迷いや困難にぶつかることがあるのだということも知ることができる。「子どもたちによい保育をしたい」という思いはどの保育者にもあり，その気持ちを受け止め合うことで，それぞれの保育者が認めあえる関係が構築されていく。

子どもをどこまで見守るのか　ある実習生のインタビューより

（1歳児）

　2月の寒い季節に，はじめての保育園での実習が始まった。2週間の観察実習では1歳児クラスから入ることとなり，担任が3名，子どもは15名であった。初日から，クラスのリーダーである保育者（実習指導者）のA先生に違和感のようなものを感じていたが，実習指導の教員や大学の先輩から，園の意向にしたがって実習を進めるように言われていたため，それが正しいのだと思うように心がけ，実習を進めていた。

　3日目の排泄援助のときに，Sちゃんが衣服を汚してしまった。A先生は汚れた衣服を脱がせて，オムツを履かせた。そこで保育園の電話が鳴った。電話当番だったA先生は受話器を取りながら，私に「ちょっとこの子みてて」と言ったので，その子のそばについて着替えを見守ることにした。

　A先生がいなくなったあと，Sちゃんに自分で着替えるそぶりはなく，「せんせいさむい」と言いながら，腕で身体を抱きかかえ，ふるえるような仕草をしていた。オムツを履いているだけでは寒いのだろうと思い，温かいお湯をしぼったタオルで汚れを拭き，隣に自分で着替えられるように用意してあった衣服を着せて，その子のそばでA先生を待っていた。

　少ししてA先生が戻ってきた。Sちゃんと私を見て，「Sちゃんの着替えは，先生がやったの？」と聞いてきた。私は，「はい，さむいと言って少しふるえていたので，私が身体を拭いて着替えを手伝いました」と答えた。A先生はそれを聞いて表情を硬くし，少し離れたところで，子どもが自分でできるようになるまで見守らなければならないこと，実習生の立場で子どもの言葉から勝手に判断せず，ほかの保育者に相談し，指示をもらうよう指導を受けた。

　「この子みてて」と言われ，その子に対して責任を負うような気持ちだった。私なりに何かしなければならないと思っての行動だった。積極的に動くよう，失敗を恐れず挑戦してくださいとも言っていた。日々忙しさに追われてしまう現場の事情も理解はできるが，どうしても気持ちがついていかず，納得のいかない実習となってしまった。

　どのように感じただろうか。保育者は専門職としての役割を担っているので，子どもや保育者との関係に，自分の人間関係の好みや価値観をそのままもち込むべきではない。しかしながら，自分の好みや価値観は，「子どもたちによい保育がしたい」という思いから生じたものであることを忘れてはならない。

　はじめての実習では，どこにいて何をしたらよいのかがわからず，身の置き場がなくて困る学生も多いだろう。なかには，自分は保育者に向かないのではないかと思う学生もいるかもしれない。

　「人間関係」とは，保育者である自分のことも感じたり考えたりする必要がある。まわりの人々と，さまざまなことについて話し合い，どちらがよいか，正しいのかだけを求めるのではなく，多様な見方や考え方を知る必要がある。自分の見方や考え方から距離を置き，自分を客観的に見つめることが大切である。ここでのA先生の気持ち，そして実習生の気持ちの両方を理解し，よりよい育ちを願うとは，何かを考えていくことを積み重ね，学んでいきたい。

4. 保育者と保護者の関わり

　保育者の大きな仕事として，保護者への対応が強く求められている。日常的に出来事をきちんと伝えるだけではなく，新しい取り組みや何かを大きく変えるときなどは，保育者や園の考えと思いを伝え，説明責任を果たす必要がある。保育者と保護者が相互の，園でのようす，家庭でのようすを情報交換していることが，信頼関係が生まれるために必要であり，登・降園時などでの会話を重ねることで

信頼関係が深まっていくのである。

> **事例** あるクラス懇談会でのこと　トラブルを保護者にどのように伝えるか

（2歳児）

　2歳児のクラス懇談会が開かれたときのことである。6月に始まるプール準備の進め方や，4月からの子どもの様子，どんな遊びが展開されているのか，子どもはいまどんな絵本がお気に入りか，どんなことができるようになったかなど，さまざまな側面から保育者がていねいに保護者へ伝えていく。それと同時に，保護者一人ひとりに「おうちでの様子」「わが子自慢」というテーマで，それぞれコメントを出し合っていた。

　懇談会も終盤にさしかかり，そろそろ午睡から目覚めた子どもと一緒におやつの時間かなと思っていると，園長と担任から保護者に対して，「ご相談がひとつあります」との提案があった。

　内容は，子ども同士での「かみつき」や「ひっかき」などのトラブルが発生したときに，これまではケガなどを負ってしまった子，つまり何かをされてしまった子に対してのみ，このようなことがありましたと伝えていたが，今後はケガをさせてしまった子，何かをしてしまった子についても，保護者に伝えてよいかどうかというものであった。

　筆者は，母親としてこの懇談会に参加していた。これまで何度か「かみつき」をされてしまったことがあり，子ども自身からつたない言葉で「〇

○ちゃんがガブッてしてきたの」と報告を受けていた。わが子に対しての申し訳ない気持ちがある一方で，この年の月齢では，お互いさまなのではないか，うちの娘も，よその子に何かしているのではないかと心配することもあった。

　仕事を抱えて保育所に預けている身としては，保育者に一任している部分もあるが，やはり何か起きてしまったとき，知らないままだと，子どもに対して「いけないことなんだよ」と，親として伝えることができなくなってしまうと感じた……。

　保護者のもつ事情は，さまざまである。保育者は，子育て支援を考えるとき，子どもの最善の利益を考えるだけではなく，保護者の事情や気持ちもくみ取りながら，真剣に耳を傾け，信頼関係を築きたい。

　また，子どもの問題の背後には，保護者がいることを認識し，その理解を得ることも大切である。ときには，子育て支援を行ううえで，専門関連機関との連携も有効であるが，専門家の助言や指導は保護者に重く響くことを，保育者は常に意識しなければならない。

【伝えてみて,ふり返ろう】

① 下の4コマ漫画を見て、出来事を言葉のみで「正確に」「誰にでも同じような伝わり方になるように」記録しましょう。

② 記録したものを近くの人と読み合わせましょう。そのうえであなたと相手とで、どのような違いがあったのかを考えましょう。

〈MEMO〉

第5章 仲間との関わりと発達

1. 自己調整力の育ち

　自己を発揮するということは，相手に対して自己主張することが含まれており，自己抑制とあわせて，葛藤を繰り返しながら徐々に身につけていくものである。

　幼稚園の場合，年齢的には子ども同士で遊ぶことが楽しくなる時期であっても，入園までの間，大人に囲まれた生活を送っていて，同年齢の子どもと遊んだ経験がほとんどない場合もある。子どもはいきなり集団に出会い，家庭とは異なる園生活を送り，大きくとまどうことになる。そのなかで思うようにいかないことがあると，自己がぶつかり合うこともある。

　そのようなときに，自己主張が強すぎる，わがままだ，自己統制ができていない，などと表面的なとらえ方をしてしまうと，子どもも否定的に見られていることを感じ，ますます攻撃的になるかもしれない。保育者は，このような子どものの奥には，強い不安が隠れているのかもしれないと感じ取り，相手を傷つけるような行動は止めるよう伝えながらも，その心情に寄り添い，自己が発揮できるように支えていくことが大切である。

　幼稚園生活に不安を感じている子どもがいる場合には，安定基盤である母親などと無理に離さず，主体的に動き出すまで，保育者も母親も子どもの不安を受け止め，待つことも有効である。たとえば，保育者と母親が子どもを誘い出したりすることで，安心し楽しそうなことを見つけることができれば，自分からその状況に関わろうとするかもしれない。

事例　生活発表会の配役　—5歳児クラスにて保護者より—

（5歳児）

　息子は年少クラスの生活発表会で「おおきなかぶ」の「かぶ」役を演じた。「自分でその役を選んだの？」と聞くと，「そうだよ」と答えるので，いったいどんな経緯で「かぶ」役をやりたいと思うようになったのかとても興味があった。

　「かぶ」役に感じた魅力などを息子に繰り返し聞いた結果，絵本のタイトルにもなっており，かぶが一番すごい役なのだと感じていることがわかった。そして，「かぶ」そのものもまた，登場するさまざまな人や動物と同様に，人格をもった生き物であると，息子が感じていることがわかってきた。

　そんな息子も成長し，年長クラスになった。今度の生活発表会では，「くれよんのくろくん」という絵本のオペレッタを演じることになったようだった（ようだったというのは，5歳児となった息子が，さまざまなことに対して「ひみつ」をもつことを大切にし始めたために，なかなか教えてくれないからである）。

　ある日の夕食時に，保育園でこんなことがあったのだと息子が話してくれた。くれよんのピンク色の役を決めるときに，やりたいという女の子がたくさんいた。それ以外の役を希望した女の子は，誰とも争うことなく，その配役で決定してしまった。もしピンク色になれなかったとき，その子

は人気のないあまった役から選ばなければならない。それもまたどうなのだろうかとクラスの男の子から問題が提起され，クラスで担任を交えて話し合いが行われた……とのことであった。

さて，このあとどのような展開があったのだろうか。それは，みなさんで考えてほしい。保育において3歳児クラス（年少）は，まだまだ自己中心的であるのに対し，4歳児クラス（年中）になると他者への関心も高まり，一緒に遊ぶなかで自己と他者の間で葛藤したり，相手の気持ちに気づき始めるようになってくる。5歳児クラス（年長）では，活動の目的も意識しながら，どうするとよりよくなるかを考えるために，保育者の援助が重要になってくる。

事例のように，何かをしたいと思ったときに，子ども同士で意見がぶつかり合うことがある。どうすればお互いにとってよりよいのか，考え合って共通の目標がもてるよう援助していくことが必要である。

子どもが自分を抑えて考えることができるのは，「友達と楽しく生活発表会がしたい」という思いが土台にあるためである。「自分の思い通りではないけれど，もっとおもしろく，もっとよいものができた」と友達と考え合うことで充実感が感じられるように，保育者は子ども同士のやりとりを支えていくことが大切である。保育者は，善し悪しを判断したり，ルールを決めるのではなく，子ども自身が友達との関係のなかで，自分を少しずつ抑えられるように，またそこに価値が感じられるように援助すべきである。

2. 道徳性と規範意識の芽生え

道徳性や規範意識を培うことで，社会性の発達がうながされるようになる。幼児期の子どもは，園での生活経験のなかで，友達と心地よく過ごすために，自分はどうすべきかに気づき，考えていく経験を積み重ねることが大切である。

道徳性とは，「善い・悪い」ということで，世の中にはしてよいことと，悪いことがあるということの理解である。一方の規範意識とは，ルールや決まりのことであり，時間を守ることや生活のなかでの順序にしたがうことなどがある。決まりを守らないということは，悪いことにつながることであり，道徳性と規範意識には重なり合う部分がある。

第2章でも述べたが，『幼稚園教育要領』の領域「人間関係」における「内容」のなかで，道徳性や規範意識に関する項目として，以下のものがあげられる。

●幼稚園教育において育みたい資質・能力及び「幼児期の終わりまでに育ってほしい姿」（抜粋）

（4）道徳性・規範意識の芽生え

　友達と様々な体験を重ねる中で，してよいことや悪いことが分かり，自分の行動を振り返ったり，友達の気持ちに共感したりし，相手の立場に立って行動するようになる。また，きまりを守る必要性が分かり，自分の気持ちを調整し，友達と折り合いを付けながら，きまりをつくったり，守ったりするようになる。

●領域「人間関係」（抜粋）

1　ねらい

（3）社会生活における望ましい習慣や態度を身に付ける。

2　内容

（9）よいことや悪いことがあることに気付き，考えながら行動する。

（10）友達との関わりを深め，思いやりをもつ。

（11）友達と楽しく生活する中できまりの大切さに気付き，守ろうとする。

（12）共同の遊具や用具を大切にし，皆で使う。

3　内容の取扱い

（4）道徳性の芽生えを培うに当たっては，基本的な生活習慣の形成を図るとともに，幼児が他の幼児との関わりの中で他人の存在に気付き，相手を尊重する気持ちをもって行動できるようにし，また，自然や身近な動植物に親しむことなどを通して豊かな心情が育つようにすること。特に，人に対する信頼感や思いやりの気持ちは，葛藤やつまずきをも体験し，それらを乗り越えることにより次第に芽生えてくることに配慮すること。

（5）集団の生活を通して，幼児が人との関わりを深め，規範意識の芽生えが培われることを考慮し，幼児が教師との信頼関係に支えられて自己を発揮する中で，互いに思いを主張し，折り合いを付ける体験をし，きまりの必要性などに気付き，自分の気持ちを調整する力が育つようにすること。

　これらの内容から，幼児期における葛藤やつまずきを経験することが，他者に対する信頼感や思いやりの気持ちにつながること，集団生活を通して規範意識が養われるように，自己発揮と自己抑制という気持ちの調整力を育むことが重要であることがわかる。

事例

実習生の日誌から
―3・4・5歳児合同保育そして小学生との関わり―

　本日は3・4・5歳児クラスの合同保育であったため、異年齢の子どもたち同士の関わりを観察することを目標にのぞみました。

　子どもたち同士の関わりを見ていると、自然と上の年齢の子が下の年齢の子に「これはこうなんだよ」とルールを教えたり、玩具をゆずったりしている姿を見ることができました。同じクラスの子との関わりの楽しさもありますが、異年齢の子と関わることも、子どもたちにとっては「思いやり」や「優しさ」を知るきっかけとなることがわかりました。

　保育者としては、下の年齢の子が無理することなく、かつ上の年齢の子が飽きてしまわない題材選びをしたり、環境づくりをする必要があると学びました。実際に参加してみると、「さすがお兄さん、お姉さんだね。かっこいいね」などと言葉をかけていました。このように、上の年齢の子をほめることで、「お手本になろう」「もっとがんばろう」と向上心につながる一方で、下の年齢の子は、お兄さんお姉さんのまねをしようとする姿が見られました。

　また、保育園児だけでなく、小学校低学年の子が、子どもたちのリーダーとなっている姿も印象的でした。玩具の取り合いでケンカをしている子どもたちの仲裁役となったり、危険な行動をしていると正しく遊ぶよう教えていたりという姿が見られました。同時に、子どもたちが小学校低学年の子を慕う様子が見られたので、良好な関係であり、よい刺激となっていることがわかりました。

夏休み期間で子どもたちの人数が少ない分，一人ひとりとゆっくり関わる時間ができたり，異年齢の関わりの時間が増えたりと，普段とはまったく異なる雰囲気を学ぶことができました。

　園の共有物には，順番で使ったり，分けて使ったりするとよい場面や，人が使っているものは勝手に取らないというような使用者優先のルールがある。子どもたちはそのことを十分理解してはいても，その通りの行動をとることは，大きな葛藤をともなうことがある。

　上の事例は，本来であれば保育者が入って仲立ちする場面に，年長児や小学生が関わることで，調整が図られている。保育者が仲立ちする場合には，それぞれの子どもの立場にたって気持ちをくみ取りながら関わることを心がけるが，お兄さん・お姉さんが仲立ちに入った場合には，子どもはどう感じているのだろうか。

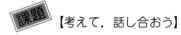【考えて，話し合おう】

保育現場で出会う子どもが①〜⑩のような言動をしました。あなたはその言動に対して，「○（気にしない，そのままにする）」または「×（気になる，対応する）」をどのように判断しますか。そのうえで，「なぜ，あなたの判断は（○・×）なのか，子どもがわかって納得できるように理由を，例を参考に考えましょう。

保育現場で出会う場面	あなたの判断	子どもがわかり納得するような理由
(例) 遊びに「入れて」と言われても，「入れない」とかたくなに断る	○ ⊗	(例) 断る子の理由を聞き，入りたい子の気持ちも伝え，時間が経って気持ちが変わったらまた遊べるか確認し合うことを提案する。
①朝，「おはよう」と保育者にあいさつしない	○ ×	
②おもちゃの取り合いをして，相手にかみつく	○ ×	
③やりたい遊びをいつも同じ子どもが決める	○ ×	
④昼食を食べきっていないが好物のおかわりをする	○ ×	
⑤片づけない子に代わって，その子が率先して片づける	○ ×	
⑥鬼ごっこで鬼になったら，遊びから抜ける	○ ×	
⑦好きな保育者のかたわらにいて，ほかの子どもと関わらせない	○ ×	
⑧ルールを守らない子をほかの子が責めたり，強く言う	○ ×	
⑨理由があって，おもちゃを独り占めする	○ ×	
⑩友達と明日遊ぶと約束したが，守らずほかの子と遊ぶ	○ ×	

66

〈MEMO〉

第6章 遊びのなかでの人との関わりと保育者の役割Ⅰ ―イメージの共有―

1. 遊びのなかでイメージを共有すること

　子どもにとって遊びとは，生活の大部分を占めており，人との関わりのなかで広がっていくものである。ひとり遊びから次第に保育者と一緒に遊ぶようになり，さらに友達と一緒に遊ぶ姿がみられるようになり，育ちのなかで変化を遂げていく。子どもたちはその過程で，ただ楽しいだけではなく，葛藤や困難を乗り越えていきながら，「生きる力」の基礎を培う体験を積み重ねている。

　子どもたちが一緒に遊んでいると，いろいろなものが共有されていくようになる。共有されるものは，楽しいという気持ちであったり，環境となる場所であったり，イメージなどである。

　集団で友達と安心して過ごすことができるようにするのが，保育者として必要な関わりとなる。遊びのなかで共有するイメージは，実在するものではなく，友達との間で形成されていくものである。

　「この○○を，○○にしよう」「○○ちゃんは，お母さんね」などのように共有し，「見立て」や「つもり」のイメージを分かち合う。うまく共有するためには，友達との話し合いも必要になってくる。「この○○は，○○でいいかな」「○○ちゃんは，お姉さんでいい？」というように，お互いに確認し合い，イメージの共有がはかられ遊びにつながっていくのである。

環境の工夫

（3歳児）

　はじめてクラス担任となったA保育士は，3歳児クラス（年少）に入ることになった。4月になり，それまで使っていた保育室を眺めると，室内には，さまざまなコーナーが配置されていた。

　ごっこ遊びができるように，キッチンやリビングのように整えられた「おうちコーナー」から，通りすがりに少しおしゃれができそうな，子ども用の鏡つきドレッサーが室内の壁に置かれていた。一人でゆっくりできる「絵本コーナー」やじっくり遊べる「積み木・ブロックコーナー」などもあり，前の担任が子どもたちのためにと考え，工夫したものであった。

　A保育士は，ふと男の子のためのコーナーもつくってみようかなと思い立った。そこで，「博物館コーナー」を整えることにした。チケットを販売するカウンターのようなものを置き，そのうえに古い黒電話を置いた。近くの壁にはカブトムシの一生がイラストになったものを貼り，中央にはネットを吊るして，黒いポリ袋と画用紙でつくったクワガタやカブトムシを置いた。

　翌日，そのコーナーを見た子どもたちは大興奮して，「新しいところができてる！」「あそこでチケットを買うようにして……」「順番に入るようにして……」「ここには〇〇を置いて，〇〇にしよう」などとさっそく遊

び始めた。A保育士が願ったように，遊びの中心となっているのは男の子たちであった。女の子も新しい遊びに入り，男の子が決めたルールについて話し合っていた。

保育者が環境に工夫をこらすことで，遊びを通して子どもたちのなかに新しいイメージの共有がはかられた場面である。保育者はとくに言葉をかけなくとも，子どもたちは環境に接することで，さまざまなイメージを膨らませ，友達と話し合い，どのように遊ぼうか話し合いを進めている。

しかしながら3歳児クラス（年少）の場合，このような遊びのなかで，仲間入りをめぐってトラブルが発生することがよくある。また，子ども同士での解決が難しいため，保育者が仲立ちをして望ましい友達関係を築けるよう援助する必要がある。

たとえば，仲間入りを拒否するような場面は，保育のなかでよくみられる。このとき，保育者がよく提示するのは「いれて」という言葉であり，「いいよ」という返答である。この言葉のやり取りでうまくいき，仲間入りが成功する確率は高い。

しかしながら，仲間意識が芽生えてくると，言葉のやり取りだけでは難しいこともある。遊びそのものを続けたい，気の合わない友達を入れたくないなどの気持ちが強く働くことも多い。友達を物でひきつけようとする子，仲間はずれにされて傷ついた子，必死に仲間に入ろうとする子，子どもの心情はさまざまである。保育者はそれぞれの場面において，子どもにどのような声をかけ，どのような対応をしていくのか，考えなければならない。

2. 仲間入りをめぐる保育者の役割

遊びを通したイメージの共有は，いつもスムーズに行われるわけではない。イメージを巡ってトラブルが起こったり，保育者から見れば好ましいとは思えない子どもたちの行動に出会うこともある。このようなとき，まずは子どもの行動を理解することから始まる。たとえ保育者の目に，困った行動に映っていても，まずは受け止め，肯定的に見つめることが大切である。子どもは保育者への信頼の気持ちがあってこそ，心を開き，素直な心情をぶつけられるからである。

ここで待ってて ―5歳児クラスの自由遊び時間―

（5歳児）

　AくんとBくんが、保育室で「研究所ごっこ」をして遊んでいた。保育者にテーブルを出してもらい、テーブルをどこに置くか、テーブルの上には何が必要か、2人でなかよく相談しながら場を整え、遊んでいた。少し離れたところでは、3人の男の子が、「トレーニングごっこ」をして遊んでいた。

　そのなかにいたCくんが、「おーい、B！　ちょっときてー！」と呼んだので、Bくんは「じゃあ、ちょっと行ってくるね。Aくんちょっとここで待ってて」と言い、Cくんのグループのほうへ行き、遊び始めた。Cくんは、Bくんや遊んでいた友達を連れてホールへ移動して、本格的に遊び始めた。Bくんも夢中になって遊んでおり、保育室で待っているAくんのことを忘れてしまった。

　ホールへ担任がやってくると、Cくんは「はっ」とした表情になり、少し不安そうな表情を見せた。担任はその表情にすぐに気づき、「ん？　何かあったの？」と聞いた。Cくんは、「なんでもないよ」と言い、再び遊びに戻っていった。

みなさんは，このような場面をどう考えるだろうか。また，もし子どもたちのこのような様子を目の前にしたら，担任としてどのように対応したいと思うだろうか。

　5歳児ともなると，子どもたちは仲間入りを拒否するうまいやり方を考えだして，「みんな一緒になかよく遊ぶべきである」という保育者の示す規範をすり抜けることがある。保育者が規範を示し，保育者や大人の力で仲間入りをさせるべきだろうか。子どもたちに仲間入りということへの規範意識を押しつけていることはないだろうか。「仲間に入る」「仲間に入れる」ということは，子どもたちにとって簡単なことではない。また，仲間入りをめぐるやり取りのなかで，自分たちの遊びを守っている姿もある。

　子どもたちがやさしい気持ちをもち，なかよく遊べるための保育者の努力や働きかけは必要なことである。その一方で，子どもたちが遊びの仲間に入る，入らないをめぐっては，子どもなりにさまざまな事情もあるのだということを認識していくことも大切である。

【イメージして，伝えよう】

（1）①　「赤い・甘い・やわらかい」と聞いて，何かをイメージしてください。周囲の人と，「何か」を直接口に出して伝えず，その「何か」に関する会話を2分間しましょう。

　　②　話した相手の「何か」を考えましょう。

　　　　話した相手の「何か」は，　　　　　　　　　　　　　です。

　　③　このワークをしたことで，気づいたことやわかったことがあれば自由に書きましょう。

（2） 「むーむーぴろろー遊び」と聞いて，どのような遊び方をするのかイメージしてください。周囲の人にその遊び方を説明しましょう。

① あなた自身が考えた「むーむーぴろろー遊び」の遊び方。

....
....
....
....
....

② あなたの遊びを説明すること，周囲の人の遊び方を聞いて理解することなど，イメージを共有するうえで，重要なものや大切なことは何か考えましょう。

....
....
....
....
....
....

〈MEMO〉

第7章 遊びのなかでの人との関わりと保育者の役割Ⅱ
―試行錯誤の過程―

1. コミュニケーションと試行錯誤

「やってみたい」と考えたことは，実際に試してみることが大切である。そして子ども同士が意見を出し合い，お互いに意見を言い合うことで，イメージや考えが伝わり，共有化が図られる。そこから，こんな遊びにしようという目標に向かって見通しをもちながら遊ぶようになる。見通しをもつことで，自らの役割を積極的に果たせるようになり，自分のもてる力を発揮していくことができるようになる。

仲間の意見を聞き，試行錯誤を繰り返しながら，一緒に協力して達成するよろこびを分かち合うようになる。この分かち合いが，次も一緒に取り組もうという意欲につながり，お互いの考えやよさを受け止め合う関係を育んでいくようになる。子ども一人ひとりが思いや考えを伝え合い。それをお互いに受け止めながら遊ぶ楽しさを実感でき，それぞれが自己発揮できるような保育者の援助が大切である。

 事例

夏祭りのおみこし，何にする？

（5歳児）

7月の第1週には，夏祭りが開催される。それより2週間ほど前から，年長組が祭りのオープニングとなるおみこしを担ぐことになっているため，

おみこしの飾りつけの話し合いが行われた。

　Rくんは,「なないろ」という女子3名男子2名のグループのリーダーとなり,「なないろのおみこしってなんだろう？」と話し合いを始めた。「おみこしを7つの色にするのがいいかな」などと意見を出し合うなかで,Sくんから「7つの色のものを考えて,それをおみこしに飾るのはどうだろう」という提案が出された。「いいね！」「そうしよう！」「その手があったか〜」という声があがった。

　Aちゃんが担任の保育者に黒板への板書をお願いし,7つの色のものを思い思いにあげていくことになった。しかしながら,「にじ」「しゃぼんだま」「びーだま」……ここで子どもたちの声が止まってしまった。「うーん,こまったねぇ」「じゃあ,このなかからひとつ選んでそれをおみこしに描こう！」「うん！」「いいね,そうしよう」「わかった！」「にじのまわりにあるものも描いて豪華にしよう！」……。

　祭りの当日,はっぴを着て誇らしげな年長組の子どもたち。そのなか,「なないろ」グループの子どもたちは,「わっしょい！　わっしょい！」と元気に声を出し,すてきな虹が描かれたおみこしを担いで練り歩いた。終わったあとRくんは,「ぼく,背が高いからおみこしが肩にささって,ちょっと痛いんだよね」と,ニコニコしながらお母さんに話していた。

　育ちの集大成と位置づけられる行事において,一人ひとりの子どもが自分の力を十分に発揮できるようにすることは,保育者にとっても責任をともなう大きな仕事である。そのためには,子どもたちが日々の遊びのなかで十分に力をつけて

いることが必要となる。

　事例で紹介したクラスは，4月にグループ分けを行い，日々の活動当番などをグループで進めるようにしていた。このことによって，グループ内の仲間の個性がわかり，子ども同士がお互いにどんな役割をしたらよいのか，仲間にどんなよい面があるのかを認められるようになり，ひとつのゴールに向かってまさに「試行錯誤」しながら，進んでいくのである。

　7月の夏祭りでひとつの目標を迎え，このあとは運動会，生活発表会と続いていく。もちろん，保育者はグループ内だけでの活動展開で終わらせることなく，さまざまな環境を提供し，自由遊びに取り入れることで，さまざまな仲間同士で活動できるための社会性を培うよう援助している。

2. 友達の思いとともに探求するおもしろさ

　遊びのなかで，どうしたらもっとおもしろくなるだろうか，とおもしろさを探求することを中心に，自分の思いと相手の思いを調整し，試行錯誤する力を育むことが大切である。

　このようなとき必要な保育者の援助は，子ども同士の思いを仲介することよりも，試したり工夫したりできる時間と環境を提供することである。仲間と遊びを探求することを楽しめる環境を得て，子どもたちはますます自己を発揮しながら他者とともに探求を深めていけるようになる。

何をつくろうかな

（5歳児）

　たくさんの牛乳パックを，年長クラスの子どもたちがハサミを使って開き，水でよく洗って乾かしていた。担任は，「これで何をつくるか，みんなで考えて明日やろうね」と伝えた。

　子どもたちからはすぐに，「ロボットにする」「迷路をつくる！」というアイデアが飛び出していた。Aちゃんの「迷路づくり」に，みんなが「それがいい！」と自然に共感し，同じ目的をもって次の日の活動が始まった。しばらくつくっていると，「そろそろやってみよう」と言い，「そうだね」と牛乳パックをつなげたものを床に広げて，小さなボールを転がし始めた。

「いくよ！」「ちょっとまってー」「オッケー」といったやり取りのあと，「あーあ」とうまくいかなかったり，うまく転がったときには「やった！」とよろこんだりして，楽しんでいた。

しばらくすると，Aちゃんは，ロボットをつくりたいと言っていたSくんのところへ行き，「この迷路で遊び終わったら，またバラバラにしてロボットをつくってもいいんじゃない？」と伝えていた。「えっ？ いいの？」，Sくんの顔はパッと明るい表情を見せていた。

これまでは自分の思いだけで遊んでいた子どもたちも，ほかの子どもの言葉やその場の雰囲気などから，相手の思いに気づき，みんなが楽しく遊ぶという共通の思いをもって遊んでいた。その様子には，子どもたちの大きな成長を感じさせる。また，この活動のなかでは役割分担をしたり，交代したりしながら，思ったことを言葉でも伝え合い，迷路をどのように進んでいくだろうかと，みんなが同じ思いでボールの動きに注目したりしている。

一人の楽しみが，集団の楽しみになり，同じ思いを共有できる仲間がいることを感じとっていく。自分の思いを通すだけで満足するのではなく，自分の思いがみんなからも認められ，自分の考えや，子どもらしい力が認められたり，ほかの仲間が満足するよう働きかけることからのよろこびを感じるようになる。

【筋道を立てて考え，ポイントを探そう】

（1）① あなたは光る泥団子をつくったことがありますか？ なければつくり方を調べてみましょう。そして，誰もがあなたと同じ泥団子がつくれるように，つくり方をくわしく書きましょう。

．．．
．．．
．．．
．．．
．．．
．．．

② 光る泥団子をつくるとき，「土選び」「泥の握り方，磨き方」「乾燥のさせ方」など，具体的にどのような点がポイントになるか考えましょう。また，周囲の人からもポイントを聞いて書き加えましょう。

土選び	
泥の握り方，磨き方	
乾燥のさせ方	

③ 「遊びのなかで試行錯誤しながら人とかかわる」ことで子どものどのような育ちがみられるでしょうか。キーワードを用いながら，文章にしましょう。

〈キーワード〉 意見　見通し　出し合う　分かち合う　言い合う　役割分担
　　　　　　　交代　目標　試行錯誤　自分の思い　相手の思い

〈MEMO〉

第8章 遊びのなかでの人との関わりと保育者の役割Ⅲ
―自己主張・葛藤・育ち合い―

1. 遊びで身につける調整力

　仲間と一緒に遊びに取り組むと，お互いの構想や工夫が加わって，遊びがどんどん広がってゆく。その一方で，仲間との思いや考えの行き違いも生まれ，意見が食い違い，思いが通らないことで遊びから外れる子どもがいたり，遊ぶなかで仲間とぶつかり，それを解決できずに葛藤しつづける子どももいる。

　葛藤することは，子どもが成長するための大切な場面である。あきらめずに仲間や自分と向かい合い，何か折り合える手立てを考え，調整していけるようになることが，大切な育ちである。

　保育者は，トラブルになった状況で，遊びが継続できる可能性を子どもたちとともに考えるようにする。まず，子どもたちの気持ちを落ち着かせ，問題がどこにあるのかを認識し，子どもたちと一緒に解決策を考え合う。ときには，子どもたちは回り道をしたり，相手に何かを譲るなどしながら，葛藤を乗り越え，忍耐を経験する。

おおなわにいれてほしい

（5歳児）

　夏から秋にかけて，園庭での遊びとして「おおなわ」が取り入れられるようになった。参加する子どもの数が足りないときは，おおなわを回す役

割の片方を鉄棒にくくりつけて遊んでいる。

それを見ていたRくんが「おおなわいーれーてー」と言いながら遊びに参加しようとしていた。すでに遊んでいた子どもたちは，「いいよー」「どうぞ」と，Rくんを迎え入れようとしていた。ところが，Sくんが「Rくんは，おおなわをまわすのも跳ぶのもヘタだからいやだ」を言い始めた。その言葉を聞いたRくんは「がんばるから，いれて！」とお願いしていたが，Sくんは最後まで譲ることなく，あきらめさせてしまった。

RくんとSくんは，ケンカをすることはほとんどない。今回のようにどちらかがあきらめたり，ほかの遊びへ移ったりと，お互いにうまく過ごすことが多く，ほどよい関係も築けているようすである。また，一緒に遊び始めると，2人のアイデアが相乗効果を生み出し，ほかの子がうらやましがるほどのすばらしい工夫を見せる場面も多かった。

今回のような場面では，「じゃあ，Sくんは，おおなわがじょうずだから，Rくんにおしえてくれないかな？　そうして，みんなができるように，今日は練習しない？」と誘ってみた。Sくんは少し考えて「うん，わかった。おーいR！　練習だからこっちきてー！」と声をかけた。Rくんはそれを聞いて，別の遊びに加わっていた仲間も連れて，おおなわの遊びに入っていった。

保育中，子どもの話し合いに保育者が指導的な立場からリードすれば容易に解決に近づくし，話し合いの時間も短くなる。しかし，これが果たして真の正解な

のかは，よく考えてみたい。

　この事例で，もし保育者は見守っていたとしたら，ほかの友達が仲間に入れないことを問題に感じ，話し合い，時間を費やし，悩んだりしながら，解決が導きだせたかもしれない。5歳児クラス（年長）ともなると，勝ち負けや成功を意識する子どもが増えるなかで，さまざまな人間関係を築くようになる。できることなら，子ども自身で自分の居場所を確保しようとする力，つまり自分の力で一員になろうとする力をつけられるようにしていきたい。

2. 子どもに相談する・子どもが解決する

　まわりのことが見え始め，ほかの子どもの気持ちがわかり，それを言葉にすることができ始めるようになると，保育者がその場をもちこたえてしっかり見守っているうちに，子ども同士がアイデアを出し合い，解決できることも多くなってくる。このような育ち合いは，これまでの保育者のトラブルへの関わりをしっかり見て，解決できる方法を経験してきたからである。

事例

先生こまったなあ……

（5歳児）

　5人で「こおりおに」をして遊んでいると，鬼のMちゃんと逃げていたKくんが，タッチされたのに氷にならない，タッチされていないのだから氷にならない，との言いあらそいになった。互いにひかず，一緒に遊んでいた友達も遊びをやめて2人の様子を心配そうに見ている。

　保育者も，このまま譲り合うのは困難とみて声をかけた。しかしこのとき，保育者は，そばにいたものの，その現場を見ていたわけではなかった。2人の言い分を聞き，思いを受け止めたあと，「先生も見ていなかったからなあ……，困ったなあ……」と言った。まわりの子どももその様子をしっかり見ていた子はいなかった。「うーん，見ていないからわからないね，困ったなあ……」ともう一度言うと，Kくんが「こおりになりたくなかった……」と小さな声でつぶやいた。

　保育者は，子どもたち同士のトラブルに途中から関わったため，子どもからその状況を聞き取ることで把握しようと努める。しかし，この場合はまわりの子どもたちもよく見ていなかったため，保育者は本当のことがわからず「困ったなあ……」と子どもに悩んだ様子を示した。

　保育者が自分の気持ちを正直に子どもたちに表現することで，子どもたちに相談をもちかけ，一緒に考えていくことが子どもたちの解決力を高めていることにつながる。

3. 自己主張をあまりしない子ども

　保育者が，なんとなく自己主張をあまりしない子どもがいると感じるとき，このことを肯定的にとらえ，子どものありのままの姿を受け止めることが大切である。保育者は「自分の思いを友達に伝えてほしい」「友達との遊びのなかでさまざまな体験をしてほしい」と思いながらも，自己主張をあまりしないことこそが自己主張であると，子どものありのままの姿を受け止め，子どもの表現を大事にしたい。

　ともに生活する担任として，子どもを見守り続けるなかで，自分の思いを主張しようとしている機会にめぐり合うことができる。そのときこそ，相手へ思いをつないだり，伝えようとしたことを受け止め，その子の自己主張を支えることが重要である。

事例

おそとで遊びたいな……

（4歳児）

　夏の暑さがやわらいで，気持ちのよい外遊びができるようになったころ，いつもはあまり何かをしたいというよりは，誰かに誘われて遊ぶことの多いSちゃんが，「おそとで遊びたいな……」と小さな声でつぶやいた。

　保育者はそれを聞いて，Sちゃんにあわせて少し小さめの声で「おそとで遊ぼうか？」と伝えた。「えっ，遊びたい！……先生いいの？」「あのね……お母さんが新しい靴を買ってくれたの，走ったりジャンプすると光る靴。RくんやMちゃんがはいてて，ほしかったんだ」と教えてくれた。

　Sちゃんは，何かをお願いしたり「イヤだ」「ダメ」というような否定的な感情を出すことはいけないことで，がまんしなくてはいけないと思っているように感じられる部分があった。

　保育者は，Sちゃんに，どんな思いでもそのまま出したらいいし，ちゃんとその思いを受け止めるよ，と伝えたかった。小さな声に合わせながら，丸ごと受け止めたいという願いを伝え，子どもの自己主張を支えている。

【話し合って，ふり返ろう】

（1）① 近くにいる3～4人程度で，「今飲みたい飲み物」について5分間話し合ってください。その際，決してあなたの意思を曲げず強い気持ちをもって，飲みたい理由や飲み物の魅力，相手が飲みたくなるような説得をしましょう。

今飲みたい飲み物	
飲みたい理由，その飲み物の魅力，相手が飲みたくなるような説得	

② 最終的に飲むものを決めてください。どのように決めましたか，その飲み物を主張していた人はどんな人柄か，最終的に決まった飲み物に対して，どのような気持ちになったか書きましょう。

最終的に決まった飲み物	
飲み物の決め方，決めるプロセス	
決まった飲み物を主張した人の人柄	
あなたの気持ち	

③　このワークをしたことで，気づいたことやわかったことがあれば自由に
書きましょう。

（2）①　「葛藤」と「ジレンマ」の意味を調べ，あなたが経験した「葛藤した出
来事」，「ジレンマを感じた出来事」を書きましょう。

葛　　藤	ジレンマ
〈意味〉	〈意味〉
〈あなたが葛藤した出来事〉	〈あなたがジレンマを感じた出来事〉

②　葛藤することやジレンマを感じたことで，あなたはどんなことが身につ
いたか書きましょう。

〈MEMO〉

第8章　遊びのなかでの人との関わりと保育者の役割Ⅲ—自己主張・葛藤・育ち合い—

第9章 遊びのなかでの人との関わりと保育者の役割Ⅳ
―協同的な遊び―

1. 協同して遊ぶ経験

　子どもたちが自分たちの居場所をつくり，友達との関係を深めていくなかで，ぶつかり合いながらも，最終的には当初考えていなかった形で遊びがひとつとなり，さらに続いていくようになる。この過程の繰り返しと循環は，子どもたちの人との関わる力を育てていくこととなる。

ブロックを進化させて！

（5歳児）

　5歳児クラスでは，ブロック遊びがブームになっていた。とくに男の子の間では武器や乗り物をつくる子どもがたくさんいた。ブロックが得意なTくんは，さまざまなイメージを形に見立てることが上手で，複雑に変形する武器や乗り物を，もくもくとつくっていた。

　それを眺めていたKくんが「ぼくの剣を進化させて！」とお願いすると，Tくんはニコッと笑って「オッケー！」とこたえた。剣を受け取ると，数分で「ここをこうして……こっちをとじると……ほら，パワーアップするから，強い敵が来たらこのモードにして戦ってね」と強そうに進化した武器を渡していた。

このやり取りに気づいたほかの子どもたちも，自分のつくったものも進化させてほしいと，次々にTくんにお願いしていた。Tくんは少しおどろきながらも，「いいよ！　じゃあ，順番に予約を受けつけるね」と，あずかったブロックを受けつけ順に棚に並べ始めた。最初につくってもらったKくんが，「じゃあ，僕は必要なパーツを取ってくるよ」とTくんの工房の手伝い役を買って出た。

「じゃあ，僕は簡単なところを教えてもらって組み立てるよ」「棚に順番に並べておくよ」「Tくんも自分の武器で遊べるようになってからみんなで遊ぼう」などのやり取りがみられた。

子どもたちがお互いに関わりを深め，ともに活動していく経験を積み重ねるなかで，みんなでやってみようという目的が生まれ，工夫したり，協力したりするようになっていく。この過程で，お互いの思いを伝え合い，ときには困難な状況に出会ったり，つまずいたり，友達とぶつかったりすることもある。

そんなときは，話し合うことで新しいアイデアを生み出したり，自分の役割を考えて行動したりするなど，力を合わせて最後までやり遂げようとする。そこでは，やり遂げるという結果のみに注目するのではなく，一人ひとりのよさが発揮され，お互いに影響し合いながら，一人ではできないことも力を合わせれば可能になるという経験や，自分がクラスの仲間のなかでかけがえのない一員であるこ

とを自覚し，同時に友達への信頼感を深めることに，保育者は目を向けるべきである。

2. 時間がかかる活動や遊びを通して育つもの

幼児期の後半になると，長い時間や期間をかけて成立する遊びが重要になってくる。相手の気持ちを尊重し，友達からさまざまなことを学び，協力ができることを理解すると同時に，その実現のための意見を伝え合う言葉の発達と，構想や段取りなどの見通しを考えることが大切である。

事例

はやくほいくえんにいきたい ―5歳児クラスの保護者より―

（5歳児）

　Sくんのお母さんは，職場と保育園が近いので，少々登園がのんびりでも問題のない家庭である。けれども，Sくんは，少しでも早く「ほいくえんにいきたい」と，あるときからお母さんに要求するようになった。

　理由を聞いてみると，クラスでつくっている卒園製作がまだ終わっていないことをとても気にしており，早く保育園へ行って進めておきたいという思いがあるようだった。また，同じグループの友達が，いつも朝早くから保育園に来ており，みんなで明日もやろうという約束をしていたようである。担任も，朝の自由時間を製作時間に使ってもよいと伝えており，そ

れに乗り遅れたくないと感じている様子だった。

　Sくんのお母さんは，Sくんを保育園に0歳のころから預けて仕事をするようになり6年目を迎えていた。お母さんは，「3歳くらいまでは"おかあさん，いかないで～！"と泣いていたのに，"はやくほいくえんにいこうよ！　お母さん，まだ～？"というようになるとはねえ」と，温かい笑顔を浮かべながら担任と話していた。

　時間がかかる活動や遊びは，さまざまな問題に途中で出会うことがある。それを何とか乗り越えて，目的を実現しようとすることにより，子どもの遊びへの強い意欲と前向きな態度が育っていく。保育者は，子どものやってみたいこと，そして，その先の目標に向けて展開させていきたい。

　子どもは簡単に実現することに満足してしまうことや，うまくいかないからと，考えずにあきらめてしまうことがある。子どもたちの協同的な経験を支えるために，保育者は，子どもたちの熱心な取り組みや，考えたりつくったりしたおもしろい点，努力したところを認め，子どもが向き合えるよう援助することが大切である。

　また，子どもたちの取り組みを振り返り，その先に対する展望を子どもたちが話し合える機会をもつことも大切な経験となる。「○○くんがこれを考えた」「○○さんがこれをつくった」「明日は，これをしてみようかな」などと，子どもたちが自分や友達のやってきたことを振り返りながら，仲間意識を育てていきたい。

3. 小学校へつなぐ育ちを支える人間関係

　小学校での生活は，乳幼児期の育ちを基盤として成り立っている。だからといって，入学時から子どものもっている力が，十分に発揮できるわけではない。新しい環境，新しい先生，新しい友達にとまどい，子どもも不安に思い，緊張しており，小学校に最初から適応することはとても難しいといえる。

　また，保護者にとっても大きな環境の変化があり，それぞれに差はあるものの，誰もが不安と期待を抱いている。子どもは，自分の不安や期待を，さまざまな方法で表現し，保護者がその様子だけにとらわれてしまうことも少なくない。保育者は，そのような思いの表現を理解しており，その行動のさらに奥を読み取ろうという姿勢をもち，保護者や小学校と連携していくことが必要である。

　さらに，幼保連携型認定こども園保育・教育要領や幼稚園教育要領，保育所保

育指針のなかには，幼児期の終わりまでに育ってほしい姿として，「数量や図形，標識や文字などへの関心・感覚」がある。基本的な学びを深めていくのは，小学校からではあるが，就学前の子どもも友達と関わりながら数量について理解するようになっていく。日常の生活や遊びの場面でもみられるようになる。

事例

ぼくのが一番たくさんはいってる

（5歳児）

　給食の時間になると，子どもたちがそれぞれ家庭から持参したコップを机に置き，お茶を注ぐことになっている。いつものようにお茶を注いでいると，Aくんが「ぼくのが一番たくさん入るんだぞ」と自慢気に主張した。

　それを聞いたまわりの友達は，「本当〜？　Tくんのほうが大きそうだよ！」「私のは同じくらい。かたちがにてるから」などといい始め，どうしたら比べることができるだろうかという話し合いが始まった。

　子どもたちは物を数えるだけでなく，「どっちが多い」という数と量について比べることをよく行う。靴のサイズを比べたり，水筒の高さを比べたりといったものから，2つのチームに分けるにはどうしたらいいか，さらには分かれたチームが公平な配分かどうかを検討するようになっていく。

　このように，生活や遊びに，自然な流れで取り入れて遊んでいることを，保育者はとらえ，一緒に不思議に思い，発見をよろこび，探求することが子どもの思考力を育てることにつながっていく。

【調べて，実際をイメージしよう】

（1）「協同」「共同」「協働」という言葉の意味を調べて，それぞれの言葉を用いて，保育現場で出会う場面を文にして，できるだけ多くつくりましょう。

言　葉	意　味	保育現場で出会う場面の文の作成
例：協力	力を合わせて事にあたること。	子ども同士で協力して，ひとつのパズルを完成させた。
協　同		
共　同		
協　働		

（2）ある秋の日，保育者が「ももたろう」の絵本を5歳児クラス（20人）に読み語りました。そして，子どもたちは「ももたろうのきびだんごをつくる」というテーマでクッキングすることになり，材料をクラス全員で買いにいくことになりました。材料を買う上で，どのような協同する姿が見られると思いますか。その姿から「どのような子どもの育ち」につながるか考えましょう。

材料の買い物でみられる協同する姿	どのような子どもの育ち

第9章　遊びのなかでの人との関わりと保育者の役割Ⅳ―協同的な遊び―

第10章 人との関わりが難しい子どもへの支援

1. 集団生活に困難をともなう子どもへの保育

　保育の場では，一人ひとり異なる個性をもつ多くの子どもたちが，ともに集団生活を送っている。そこでは，子どもたちが保育者と出会い，友達と出会い，豊かな関わりを通して人間関係の発達を遂げていく。しかし，「友達とのトラブルが起こりやすい」「みんなと行動ができない」「なかなか友達と遊ぼうとしない」といった，集団生活を送ることが難しい子どもたちもいる。

　こうした子どもの背景には，発達の遅れや偏りといった先天的な要因，家庭環境や不適切な大人との関わりといった後天的な要因など，原因はさまざまである。保育の現場では，子どもが抱えているものをそのまま受け止めたい。かけがえのないたった一人の子どもとして豊かな生活を送り，健やかに育つことが保障されなければならない。そのため，保育者は，その子どもの抱える難しさをていねいに理解し，一人ひとりのニーズに合わせた適切な保育が求められる。

通りすがりに……　―降園のときに―

（5歳児）

　5歳のHくんは，友達と遊ぶことは好きだけれど，相手の気持ちを考えることが少し難しい場面が多くみられていた。あるとき，クラスの友達と

遊んでいるときにトラブルになり,「もういい！」と大声で叫んで, Hくんは保育室を飛び出した。ベランダを抜けてバルコニーを通ったとき, 見知らぬ3歳のRくんとそのお母さんを見かけた。そのすれ違いざまに, Rくんの頬を叩き, お母さんのスカートに向かって「ペッ」とつばを吐いた。Rくんは泣き出し, その顔に向けて何度もつばを吐きかけるしぐさを繰り返したあと, 走って逃げてしまった。

　お母さんも突然の出来事に, どうしてよいのかとまどってしまい, Rくんを抱きしめて呆然としている様子だった。すぐに担任が聞き取りを行い, Hくんを連れてきて, やってしまったことを反省するようにうながし, 2人に「ごめんなさい」と謝るように伝えた。Hくんは「いやだ！」と抵抗していたが, やがて「ごめんなさい……」と小さな声でつぶやいたあと, すぐに逃げてしまった。

　担任は, これまでもトラブルが起こるたびに「もしHくんが, お友達に同じようにされたらどんな気持ちがするか」など, 相手の気持ちに気づけるよう話をしてきたが, なかなか通じずに, 何を話しても横をじっとにらんだままで, 怒りが収まることはなかった。その様子に困り果てているところで, 飛び出してしまい, このようなことになってしまった。

　幼児期の子ども同士のトラブルは, 必ず経験することであり, その経験から相手の気持ちを理解したり, 思いやったりすることを学んでいく。しかしながら, あまりにも頻繁にトラブルが起きる子どもの場合, その背景には何らかの要因があると考えられる。

このような子どもほど，保育者はその場の対応に追われ，つい「問題が多い子ども」として，ていねいに行動の背景を読み取らず，否定的な関わりを繰り返してしまうことがある。保育者は視点を変え，行動の背景にあるものに気づき，子どもが必要としている援助を見つけ出すことが大切である。

気になる子どもへの保育に重要なことは，まずその子どもをよく知ることである。問題行動だけをみて「わがままな子」「困った子」と決めつけるのではなく，「どうしてこのようなことをするのだろう」「なぜこうなるのだろう」と，子どもをよく観察し，ていねいに読み取ることである。そうすることで，子どもへの支援方法が思い浮かび，適切な保育へとつながっていく。この繰り返しのなかで，保育者と子どもとの信頼関係も生まれ，さらによい保育が行えることになる。

ただし，保育者の読み取りが一方的な思い込みにならないよう配慮しなければならない。この事例の情報だけでは，子どもの背景を読み取ることはできない。背景は子どもにとってさまざまであり，子ども自身に発達の遅れがある場合，環境要因が影響していることなども考えられる。そのため，保育者自身が常に子どもへの理解がこれでよいのかを問い，ほかの保育者や，ときには保護者の意見もふまえて適切に判断をし，支援の工夫をさまざまに行っていくことが重要である。

2. 誰もが居場所のある集団づくり

集団生活への適応が困難な子どものなかには，発達障害と診断されている子どもたちもいる。なかには，対人関係の発達に遅れを抱えているため，友達の気持ちを理解したり，周囲の状況を読み取って行動することに困難を生じることがある。しかしながら，人と関わることがまったくできないわけではない。また，同じ診断の子どもであっても，その実態は一人ひとり異なっており，ひとくくりに考えることはできない。まずはたった一人の「子ども」として見守ることが重要である。

集団生活の難しい子どもに対し，その支援方法がわからず，とまどいが生じるとき，つい診断の有無にとらわれてしまうことがある。そういう子どもだから集団生活に適応できないのは仕方ないと判断され，適切な支援が受けられなくなってしまう危険がある。重要なのは，子どもにとって必要な支援を行い，保育者は子どもの実態を適切に把握することである。

子ども同士で支え合うこと

　Tくんは，"自閉症"と診断されている。室内用のすべり台が大好きでいつも保育者に出してもらおうとせがんだり，またお気に入りの保育者にしがみついて離れないこともある。このお気に入りの保育者は，加配としてついており，必要に応じて個別対応ができる体制になっていた。

　Tくんの様子を見てみると，ほかの子どもたちが遊んでいるほうをじっと眺めていることもあれば，保育室が騒がしくなると耳をふさいでいることもあった。担当保育者は，大切なことを伝えるときには，Tくんを静かな場所へ連れて行き，もう一度やさしく伝えることにした。

　このようにして，Tくんとの関わりをていねいに続けるうち，Tくんからも担当保育者への関わりが増えるようになった。お気に入りのおもちゃをもってきては，「一緒に遊びたい」と読み取れる行動もみられた。

　ある日，同じクラスの比較的落ち着いているSくんを呼んで，大きな声は出さないことと約束したうえで，一緒に遊んでみようと声をかけた。事前に担当保育者はSくんとTくんの保護者にも，このような働きかけを試みたいことを伝え，両保護者とも快く了承してくれていた。

　落ち着いて遊べるお友達ができたことがうれしいのか，TくんはSくんの腕を引いて遊んでほしいとアピールすることもあった。Sくんには妹がおり，そのようなお願いや，甘えた要求をおおらかに受け止めているようだった。やがて，Tくんは，Sくんのお母さんが迎えにきたとき，お母さ

んにかけよるとニコニコして腕を引き，Sくんの元へ連れて行くように
なったりと，少しずつ関わりの広がりを見せるようになった。

　人と人とのコミュニケーションは，さまざまな関わりによって育まれるもので
ある。ほかの子どもとの関わりに困難を抱える子どもの場合，保育者の配慮や支
援がなければ，人との関わりに対して不安を積み重ねてしまう可能性がある。
　保育者は，その子どもがどんな難しさを感じているのかを読み取るよう努めた
上で，適切に仲介していくことが求められる。また，気になる子どもが集団のな
かで育ち合えるかどうかは，周囲の子どもの育ちによっても変わるものである。
どの子も一人ひとりが自分の居場所と感じられる集団であれば，ほかの子どもも
自然に受け入れることができる。特別な支援を必要とする子どもとの関わりは，
ほかの子どもにとっても，相手を思いやる気持ちを育てる重要な経験となる。そ
のためにも保育者は，すべての子どもたちとの信頼関係を築き，お互いが成長で
きる環境を設定していくことが重要である。

【なったつもりで，考えよう】

① もし，あなた自身が保育者にとっての"気になる子ども"になったとしたら，保育の現場で，どのような1日を過ごすでしょうか？ あなたではない人になったつもりで考えましょう。

「この時間に"気になる子ども"だったらこういう行動をする」「この状況で"気になる子ども"だったらこんな気持ちになる」「こんな場面に遭遇したら"気になる子ども"だったらこういう場面で困る」など，"気になる子ども"になったつもりで，想像を膨らませて書きましょう。

> こんな理由で，こんな行動をする
> ※具体的に書けるとよい

登　園

好きな遊び

朝の集まり

設定保育

昼　食

好きな遊び

帰りの集まり

降　園

② 前記のような "気になる子ども" がいた場合，あなた自身が保育者としてどのように「関わり」「対応」「言葉かけ」をすると，その子ども自身やほかの子どもの「人と関わる育ち」につながるか考えましょう。

> こんな関わり・対応・言葉かけをすると，こんな人と関わる育ちにつながる
> ※具体的に書けるとよい

登　園

好きな遊び

朝の集まり

設定保育

昼　食

好きな遊び

帰りの集まり

降　園

〈MEMO〉

第11章 領域相互の関連性と保育展開Ⅰ
―指導計画の意義・作成・実践例（0～2歳児）―

1. 0歳児の指導計画と実践

　0歳児は，首がすわる，座る，はいはい，つかまり立ち，伝い歩きというように，運動機能に著しい発達がみられ，めざましく成長する時期である。また，身のまわりの環境に対する興味や好奇心が広がり，探索活動が始まる。保育者は，子どもの気持ちに寄り添いながら，やさしく応答的に関わる温かい雰囲気の保育の基盤をつくる必要がある。

　さらに，このころの子どもは，月齢によって発達の度合いが著しく異なり，日中のおむつ替えや授乳が頻繁に行われる。一人ひとりの子どもの成長に合った保育が行うことが重要になる。

　保育のポイントとしては，保育者は子どもの目を見ながら，やさしくゆっくり話しかけるようにする。子どもの安心感が育ち，コミュニケーションの意欲へとつながる。また，手を握ったり，おむつ替えの際に足をさするなど，スキンシップを大切にしたい。抱っこは激しく揺すらないよう注意する。首がすわっていない場合は，必ず後頭部を支えるようにする。

　6か月未満児の場合は，手足をゆっくり動かす赤ちゃん体操や，ゆったりとしたふれあい遊びなどがよい。歌や音のでる玩具を組み合わせて楽しむような活動も取り入れたい。生後6か月を過ぎた子どもには，少し動きのある遊びを取り入れる。ボール遊びや積み木遊び，乳児向けの絵本などを取り入れるとよい。

▼1日実習指導計画案（0歳児）

【2年次責任実習用】

〔　　ひまわり保育園　　　〕　ひよこ　**組**　　**1日実習指導計画案**

実施日　28年　7月　13日（ 水　曜日）

0歳児　ひよこ　組　10名(男児 6 名　／　女児 4 名)　実習生：

子どもの状態	・担任との間に信頼関係ができ始め、後追いをする姿が見られる。 ・拍手をしたり口に手を当てたりするなど保育者のまねをして簡単な手遊びを楽しむ。

中心となる活動 　　　　　外遊び	ねらい	・安心できる保育者のもとで伸び伸びと遊ぶ。 ・ふれあい遊びを通してともに過ごすことのよろこびを味わう。

時間	環境の構成	予想される子どもの活動	援助・指導の留意点
7：15	○順次登園 ○視診、検温 ○自由遊び ○午前睡 （必要に応じて） 〈保育室〉	○順次登園する。 ・担任の姿を見て、うれしそうに笑顔を見せる子や保護者と離れることがさびしくて泣いてしまう子がいる。 ○自由遊びをする。 ・保育室に入ると、保育者に抱っこを求めたり、興味のある玩具を見つけ、遊び始める。 ・ミニカーを手で走らせたり、手押し車を押して歩いたり、ぽっとん落としで遊んだりする。 ・遊んでいる途中に眠くなり、泣いてしまう子がいる。	○受け入れをする。 ・一人ひとりと目を合わせて挨拶し、視診をする。 ・子ども、保護者が安心できるよう、笑顔で受け入れをする。 ・抱っこを求めてきた子や受け入れ時に泣いている子へ歌を歌いながらふれあい遊びをしたり、玩具を使って遊びに誘ったりして気分転換ができるようにする。 ・月齢により、腹ばいやつかまり立ち、一人歩きなど発達が大きく異なるので安全に遊ぶことができるよう見守る。 ・一人ひとりの起床時間や機嫌、体調により、必要に応じて午前睡に誘う。
9：00	○おむつ交換 ○手洗い	・保育者の声かけを聞き、おやつの時間であると理解し、保育者に近づく子、遊びに夢中になる子がいる。 ・食卓椅子に座ると、テーブルを両手で叩いたり、おやつを指差したりする。 ・手を合わせて挨拶をする子がいる。	・子どもたちにおやつの時間であることを声かけし、気持ちよくおやつを食べることができるようおむつ交換をする。 ・手を洗い、食卓椅子に座るよう援助をする。 ・挨拶の習慣が身につくよう、挨拶をしてから食べ始められるようにする。
9：15	○午前おやつ （・ヨーグルト 　・お茶 ○…子ども　●…保育者 〈保育室〉	○午前おやつを食べる。 ・自分で食べようと、食器に手を伸ばす姿や、お茶のコップを自分でもって飲む姿が見られる。 ・食器を倒したり、こぼしたりして洋服が汚れてしまう子がいる。	・自分で食べようとする気持ちを大切にし、保育者が援助しながらスプーンをもったり手づかみ食べをしたりできるようにする。 ・「美味しいね」等と声かけしながら援助する。 ・食べ終えたら、洋服が汚れている子は着替えをし、遊びに誘う。
9：45	○テラスへ移動 ○自由遊び ○おむつ交換	○テラスへ移動する。 ・テラスに出ると、外に出たことがうれしくてハイハイで動き回る子、保育室へ戻ろうとする子がいる。 ・玩具を見ると、近寄って行く子がいる。	・安全に遊ぶことができるよう全員に帽子と靴下を着用する。 ・子どもたちが外遊びを楽しむことができるよう乗用玩具や手押し車、ボール等で遊びに誘う。
10：20	○保育室へ移動 ○沐浴、シャワー 〈沐浴室〉	○保育室へ移動する。 ・保育者の声かけを聞くと、活動の切り替わりであることに気づき、自分の帽子と靴下を脱ぐ子や保育室に自分から戻る子、遊びに夢中になっている子がいる。 ○沐浴、シャワーをする。 ・その日の体調により、沐浴をする子、しない子がいる。 ・沐浴が好きで、気持ちがよいというような表情をする子、沐浴が苦手で泣い	・子どもたちに、片づけと保育室に戻る声かけをし、全員の手と足をおしぼりで拭く。 ・自分で帽子や靴を脱げた子や片づけができた子をほめ、意欲につながるようにする。 ・遊びに夢中になっている子の気持ちを受け入れながら片づけに誘う。 ・個々の体調を考慮し、必要に応じて検温し、無理のないよう沐浴を実施する。 ・水遊び用の玩具を使ったり、「気持ちがいいね。」等と声かけをしたりすることで安心して沐浴ができるようにする。

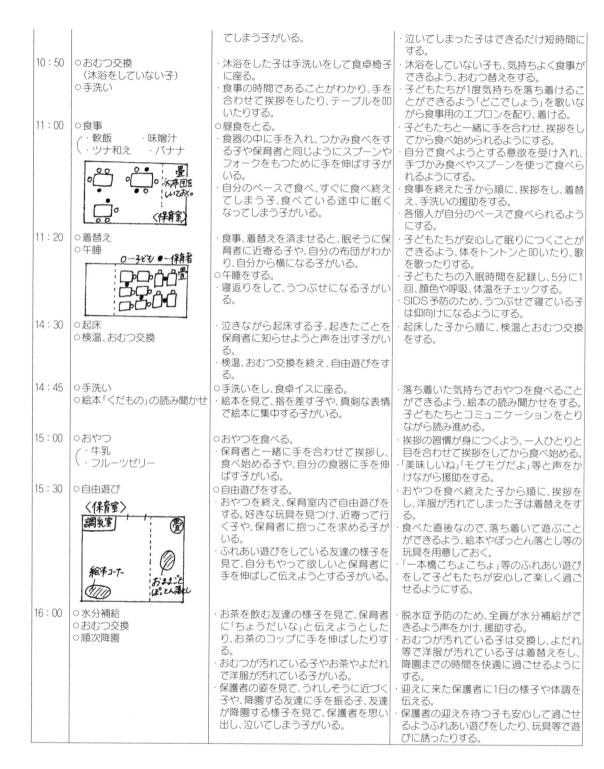

時刻	活動	子どもの姿	保育者の援助・配慮
10:50	○おむつ交換（沐浴をしていない子） ○手洗い	てしまう子がいる。 ・沐浴をした子は手洗いをして食卓椅子に座る。 ・食事の時間であることがわかり、手を合わせて挨拶をしたり、テーブルを叩いたりする。	・泣いてしまった子はできるだけ短時間にする。 ・沐浴をしていない子も、気持ちよく食事ができるよう、おむつ替えをする。 ・子どもたちが1度気持ちを落ち着けることができるよう「どこでしょう」を歌いながら食事用のエプロンを配り、着ける。
11:00	○食事 （・軟飯　・味噌汁 　・ツナ和え　・バナナ）	・昼食をとる。 ・食器の中に手を入れ、つかみ食べをする子や保育者と同じようにスプーンやフォークをもつために手を伸ばす子がいる。 ・自分のペースで食べ、すぐに食べ終えてしまう子、食べている途中で眠くなってしまう子がいる。	・子どもたちと一緒に手を合わせ、挨拶をしてから食べ始められるようにする。 ・自分で食べようとする意欲を受け入れ、手づかみ食べやスプーンを使って食べられるようにする。 ・食事を終えた子から順に、挨拶をし、着替え、手洗いの援助をする。 ・各個人が自分のペースで食べられるようにする。
11:20	○着替え ○午睡	・食事、着替えを済ませると、眠そうに保育者に近寄る子や、自分の布団がわかり、自分から横になる子がいる。 ・午睡をする。 ・寝返りをして、うつぶせになる子がいる。	・子どもたちが安心して眠りにつくことができるよう、体をトントンと叩いたり、歌を歌ったりする。 ・子どもたちの入眠時間を記録し、5分に1回、顔色や呼吸、体温をチェックする。 ・SIDS予防のため、うつぶせで寝ている子は仰向けになるようにする。
14:30	○起床 ○検温、おむつ交換	・泣きながら起床する子、起きたことを保育者に知らせようと声を出す子がいる。 ・検温、おむつ交換を終え、自由遊びをする。	・起床した子から順に、検温とおむつ交換をする。
14:45	○手洗い ○絵本「くだもの」の読み聞かせ	・手洗いをし、食卓イスに座る。 ・絵本を見て、指を差す子や、真剣な表情で絵本に集中する子がいる。	・落ち着いた気持ちでおやつを食べることができるよう、絵本の読み聞かせをする。子どもたちとコミュニケーションをとりながら読み進める。
15:00	○おやつ （・牛乳 　・フルーツゼリー）	・おやつを食べる。 ・保育者と一緒に手を合わせて挨拶し、食べ始める子や、自分の食器に手を伸ばす子がいる。	・挨拶の習慣が身につくよう、一人ひとりと目を合わせて挨拶をしてから食べ始める。 ・「美味しいね」「モグモグだよ」等と声をかけながら援助をする。
15:30	○自由遊び	・自由遊びをする。 ・おやつを終え、保育室内で自由遊びをする。好きな玩具を見つけ、近寄って行く子や、保育者に抱っこを求める子がいる。 ・ふれあい遊びをしている友達の様子を見て、自分もやって欲しいと保育者に手を伸ばして伝えようとする子がいる。	・おやつを食べ終えた子から順に、挨拶をし、洋服が汚れてしまった子は着替えをする。 ・食べた直後なので、落ち着いて遊ぶことができるよう、絵本やぽっとん落とし等の玩具を用意しておく。 ・「一本橋こちょこちょ」等のふれあい遊びをして子どもたちが安心して楽しく過ごせるようにする。
16:00	○水分補給 ○おむつ交換 ○順次降園	・お茶を飲む友達の様子を見て、保育者に「ちょうだいな」と伝えようとしたり、お茶のコップに手を伸ばしたりする。 ・おむつが汚れている子やお茶やよだれで洋服が汚れている子がいる。 ・保護者の姿を見て、うれしそうに近づく子や、降園する友達に手を振る子、友達が降園する様子を見て、保護者を思い出し、泣いてしまう子がいる。	・脱水症予防のため、全員が水分補給ができるよう声をかけ、援助する。 ・おむつが汚れている子は交換し、よだれ等で洋服が汚れている子は着替えをし、降園までの時間を快適に過ごせるようにする。 ・迎えに来た保護者に1日の様子や体調を伝える。 ・保護者の迎えを待つ子も安心して過ごせるようふれあい遊びをしたり、玩具等で遊びに誘ったりする。

▼実習指導計画案　中心となる活動「外遊び」細案（0歳児）

【2年次責任実習用】　1日実習指導計画案　別紙
中心となる活動〔　　外遊び　　〕の細案

実施日　　28年　　7月　　13日（　水　曜日）

0歳児　ひよこ組　10名（男児6名　／　女児4名）　実習生：

ねらい	・安心できる保育者のもとで伸び伸びと遊ぶ。 ・ふれあい遊びを通してともに過ごすことのよろこびを味わう。		
時間	環境の構成	予想される子どもの活動	援助・指導の留意点
導入 （5分）	〈テラス〉 乗用玩具 レジャーシート 保育室 レジャーシートを敷き靴下等の着脱や腹ばいの子も過ごすことができるようにする。	○テラスへ移動する。 ・保育者の声かけを聞き、保育者のまわりに集まる子や他の遊びに夢中になる子がいる。 ・自分の帽子や靴下が分かり、保育者の元へもって行く姿が見られる。 ・テラスに出ると、外に出られたことがうれしくて動き回る子や保育室に戻ろうとする子がいる。	・子どもたちがテラスへ移動することに気づくことができるよう「お外へ行きますよ」と全体に声をかける。遊びに夢中になっている子へは名前を呼んで声をかける。 ・安全に遊ぶことができるよう全員に帽子と靴下、発達に応じて靴を着用する。 ・子どもたちが伸び伸びと探索活動ができるよう、あらかじめ、玩具を複数出しておく。
展開 （20分）	乗用玩具 玩具棚 レジャーシート フラフープ・ボール	○テラスで自由遊びをする。 ・乗用玩具に興味を持ち、押して歩く子や自分で乗ろうとする子がいる。 ・友達が乗っている乗用玩具を押し、手を振ったり、ハイタッチをしたりと、保育者や周りの友達との関わりが見られる。 ・保育者の「待て待て」の声を聞き、追いかけっこをしていることがわかり、ハイハイで逃げようとする子がいる。 ・転がるボールやフラフープを追いかけてハイハイをしたり伝い歩きをしたりする。 ・遊んでいる途中で、帽子や靴下が嫌になり、脱いでしまう子がいる。 ・お茶のコップを自分でもって飲む子、友達がお茶を飲んでいるところを見て「ちょうだいな」と両手を出す子がいる。遊びに夢中になる子もいる。	・テラスに出て、探索活動を始める子はケガや事故のないよう見守る。保育室に戻ろうとする子と手をつなぎ、歩く練習をしたり、乗用玩具等で遊びに誘ったりする。 ・保育者、クラスの友達と関わりをもったりふれあったりすることができるよう、手を振ったりハイタッチをしたり、友達が乗っている乗用玩具を押して歩くことを誘ったりする。 ・ハイハイが盛んに見られる子は、楽しく体を動かすことができるよう「待て待て」と言いながら追いかけっこをする。 ・途中、ボールやフラフープを出して体を動かす遊びに誘う。 ・安全に過ごせるよう、また、帽子や靴下を着用する習慣が身につくよう声をかける。 ・熱中症や脱水症状のため、水分補給をする。「お茶を飲みますよ」と全体に声をかけ、遊びに夢中になっている子は、その子のもとへ行き、援助する。
まとめ （10分）	○…子ども　●…保育者 片付けを促す。 帽子や靴下を脱がせ、手足を拭く 子どもを保育室へ促す	・保育者の片づけの声かけを聞き、自分の使っている玩具を片づけようと保育者に渡す子、玩具をその場に置き、保育者に近寄る子、遊びに夢中になっている子がいる。	・片づけの習慣が身につくよう、保育室に戻る前に一度、片づけの声かけをする。 ・片づけができた子をほめ、遊びに夢中になっている子の気持ちを受け入れながら片づけに誘う。

〔準備するもの〕

〈子どもたちが着用するもの〉
・帽子
・靴下

〈子どもたちが使うもの〉
・乗用玩具
・手押し車
・フラフープ
・ボール

〈その他〉
・水分補給用のコップ、お茶
・ティッシュ、ゴミ袋
・レジャーシート

【指導計画作成のポイント】

★部分・責任実習の担当保育者とコミュニケーションをこまめにとる

　常に忙しく動いている保育者に声をかけることは気が引けるかもしれないが，日々の保育に対する疑問などは，積極的に声をかけてアドバイスをもらうようにする。アドバイスを実習日誌に書くことはもちろん，指導計画にも反映させるようにすると，実習そのものの評価にもつながる。

★0歳児はできれば月齢を記入する

　月齢によって発達の度合いが大きく異なる0歳児は，できれば指導計画に子どもたちの月齢を記録しておく。どのくらいの月齢の子どもを保育するのか，あとでふり返ることができる。

★ねらいにはめざす子どもの姿を書く

　子どもに何を伝えたいのか，どうあってほしいのかについて書くようにする。

★遊びや活動では子どもの自発的な行動をうながす

　設定した活動に対して，子どもがどのように反応し，自分から遊びを広げていくかを考えて，活動の内容を考えるようにする。

★行動の意図を書くようにする

　指導計画のなかで行うことで，子どもに何を伝えたかったのか，その意図を書くようにする。

★空白はなるべく埋める

　ぎっしりと予想される子どもの活動を記述する必要はないが，空欄が目立つところには，そのときの子どもの様子を実習日誌から予想して追加しておく。

★環境構成はマークを活用して区別する

　環境構成は，保育者と実習生，子どもの配置を入れる。0歳児の場合は，保育者が複数の場合もある。それぞれの配置をマークで区別して記入しておくとよい。

★準備物は配慮したことも含めて書く

　準備物について，書く欄がない場合には環境構成の部分に書いてよい。その際，

どのような配慮をしているのか，素材や大きさなども詳しく書いておくとよい。

★活動の始まりでは声かけと気持ちの切り替えを行う

　活動や遊びの始まりでは，これから楽しい遊びをする雰囲気をつくるためにやさしい口調で声かけを行う。

★実習で学んだことを盛り込む

　実習生の気づきや保育者の援助から学んだこと，子どもとの関わりで気づいたことなどは，できるだけ指導計画のなかに盛り込むようにすることで，部分・責任実習の実践も円滑に進みやすくなる。

★予想されるトラブルとその対応を考えておく

　実際には，指導計画どおりに進むことは難しいかもしれないが，指導計画の作成時点で予想されるトラブルについて書き，どのように対応するかを書いておくとよい。

★2回目以降の環境構成はある程度省略する

　指導計画の最初に出てくる環境構成は，詳しい位置や名称も入れて描くようにする。同じ環境構成が続く場合は，新たに配置したものや変更があったもの以外は，名称など，ある程度は省略してかまわない。

★自分の考えはとくに詳しく書く

　自分で考えた言葉かけや援助の計画は，どのようなねらいや意図で行うのか，また，具体的な言葉かけの内容などを詳しく書くようにする。その意図や様子をわかりやすく書くことは，指導計画の評価にもつながる。

★部分・責任実習から学んだことや今後の課題はねらいと関連させる

　ねらいとしたことについて，どのように取り組んだのか，反省や考察を交えて記入する。

2. 1歳児の指導計画と実践

　歩行の開始とともに行動範囲が広がる時期である。保育者の行動をまねてみたり，道具を使えるようになってゆく。また，子どもは自分の要求を保育者へ伝えようと，指差しや身振り，言葉で伝えようとする。自己中心的ではあるが，他者への興味・関心も芽生えはじめ，自発的に働きかけていく姿も見られるようになる。

　保育のポイントとしては，この時期の子どもについても発達には個人差があることを踏まえ，個々の成長にあった保育を心がけるようにする。思い通りにならないことで，泣いたり怒ったりする姿がみられるが，子どもの自己主張を理解していることが伝わるような声かけをし，子どもの気持ちを受けとめる働きかけをする。

　また，さまざまなことに興味をもち，なんでも自分でしてみたいと思う時期であるが，うまくいかず時間がかかることも多い。保育者は，すぐに手を差し伸べるのではなく，ゆっくり見守り，声をかけ，子どもの反応を見ながら援助する。

　遊びは，積極的に体を使った遊びを取り入れたい。とくに，外遊びや散歩，夏の水遊び，秋の落ち葉拾いなど，自然の感触に親しみつつ，友達と関わるよろこびや楽しさを感じられるように保育者が援助していくとよい。さらに，近くの子どもと同じ遊びに誘ってみたり，みんなであと片づけをするなど，そのときの気持ちを子ども同士が共有できる場面を多くもつよう心がける。

【指導計画作成のポイント】

★留意点・注意点は事前に担当保育者に相談する

　ケガや事故につながりそうな部分については，あらかじめ担当保育者と打ち合わせし，対応を考えておくこと。指導計画にもケガや事故が起こった場合の対応について考え書いておく。

★子ども同士のケンカやいざこざを想定する

　おもちゃの取り合いがきっかけで，たたき合いが始まるなど，理由も取り入れながら，子ども同士のトラブルを予想して書く。

★遊びの様子・遊びの姿はできるだけ詳しく書く

　子どもの遊びの姿をできる限り具体的に想定して書く。指導計画のなかに，ど

▼実習指導計画案　中心となる活動「どうぶつに変身！」細案（1歳児）

【2年次責任実習用】1日実習指導計画案　別紙
中心となる活動〔　どうぶつに変身！（表現あそび）　〕の細案

実施日　29年　1月　20日（金曜日）

1歳児　りす組　12名（男児6名　／　女児6名）　実習生：

ねらい	・ピアノの音を聞いたり動物を想像したりして体で表現する。 ・保育者や友達のまねをして体で表現する楽しさを共有する。		
時間	環境の構成	予想される子どもの活動	援助・指導の留意点
導入 （5分）	〈ホール〉 （図：ピアノ、ホール内に保育者と子どもの配置、カラーコーン） ●…保育者　○…子ども 〈パネルシアター〉 動物の一部を見せ、クイズ形式にする。 （図：パネル、うさぎ）	・保育者のまねをして「はじまるよ」の手遊びを楽しむ。 ・パネルシアターを見る。見えている動物の一部分から何の動物か想像し、「ぞうさん！」「うさぎさん！」等と答える。 ・保育者の話を聞き、これから何をするのか理解できる子、想像できずにいる子がいる。	・子どもたちが活動に期待できるよう手遊びをする。 ・子どもたちが楽しく動物を想像することができるようクイズ形式でパネルシアターをする。「誰かな？」と問いかけ、答えられるようにする。 ・「今日はぞうさんやうさぎさんに変身してみよう！」とわかりやすく、次の活動を伝える。言葉だけではわかりにくいので、実際に見本を示す。
展開 （15分）	〈表現あそび〉 ①ぞう ♪「ぞうさん」 片方の腕をぞうの鼻に見立て顔の前で振る。（歩く） （図：子どもの絵） ②うさぎ ♪「ぴょんぴょんうさぎ」 両手をうさぎの耳に見立て頭の上でひらひらする。（走る） （図：子どもの絵） ③おねむり ♪「キラキラ星」 その場で座り、眠るまねをする。 （図：子どもの絵） ※はじめはその場で、慣れてきたら歩いたり走ったりする。 （図：ホール配置図）	・保育者の前をして「ぞうさん」の曲に合わせて体を動かす子、立ったまままわりを見ている子がいる。 ・うさぎの表現をする。うさぎを表現し、自分なりに体を動かす子や、保育者のまねをする子がいる。 ・キラキラ星の曲を聞き、その場で座り、眠るまねをする。すぐに保育者のまねができる子やまわりを見て体を動かす子がいる。 ・曲を聞いて自分から体を動かすことができる子、保育者のまねをする子がいる。 ・曲が変わると、保育者のまねをして動きを切り替えることができる子やずっと同じ動きをする子、走り回る子がいる。 ・保育者に着いて行き、円状に走ったり歩いたりする。 ・反対方向に進む子や円から外れて進む子がいる。 ・キラキラ星の曲を聞き、その場で座り、保育者に注目する姿が見られる。	・「ぞうさんのお鼻は長かったよね！」等と動物の特長を伝えながら体を動かす。立ったままでいる子に「〇〇くん（ちゃん）もやってみようか！」と声をかけ、無理なく参加できるようにする。 ・まわりの友達に興味をもてるよう子どもたちのオリジナルの表現も取り入れる。 ・「ああ、何だか眠くなってきちゃった……」等と曲と体の動きが関連づけることができるように声をかけながら声をかける。 ・表現あそびを実践してみる。曲に合わせて体を動かすことができるように保育者が見本を示しながら進めていく。 ・曲の変わり目に「ぞうさん」「うさぎさん」と声をかけ、動きを切り替えられるようにする。 ・子どもたちの様子を見て、走ったり歩いたりしながら表現をしてみる。 ・安全に体を動かすことができるよう、円状に一定の方向に進めるようにする。 ・反対方向に進んでしまう子は手をつないで「こっちだよ」等と声をかける。 ・子どもたちが落ち着いた気持ちで、自然な流れで活動を終わりにできるようキラキラ星の曲で終わりにする。
まとめ （5分）	カラーコーンの外側を時計回りに進む。	・保育者の話を聞き、「楽しかった」等と感想を言う子がいる。 ・友達がしていた表現をまねしようとする姿が見られる。	・上手に表現できたことを伝え、表現あそびの楽しさを味わえるようにする。 ・名前を出して子どもたちオリジナルの表現を紹介し、友達を意識できるようにする。

〔準備するもの〕

・パネルシアター
　　（ぞう、うさぎ）

・ピアノ
・カラーコーン　3つ

こまで具体的に想定できたかによって，これまで子どもの様子をきちんと見ていたかのチェックにもつながる。

★子どもの成長をほめる言葉かけ

　子どもが見せる成長の姿をほめ，そのときにどのように声をかけるのかを書いておく。

★遊びや活動の途中での移動

　1歳児は，場所を移動することによって集中力が途切れてしまうことがある。なるべく移動は少なくして，ひとつの環境のなかで活動を進められるようにしたい。

★製作の過程は環境構成のなかに描く（書く）

　何かをつくるような製作・工作を活動に取り入れた場合，そのしあがってゆく過程を簡単でもよいので環境構成の欄などに描いておくと見やすい・わかりやすいだけではなく，確認の際に見落としにも気づきやすくなる。

★遊びが指導計画以上に広がった場合

　子どもが自ら遊びを広げていく姿がみられ，それが指導計画どおりでなかったとしても，できる限り受け入れ，子どもの気持ちを十分認めるように心がける。

3. 2歳児の指導計画と実践

　歩行が安定し，走る・跳ぶなど全身運動が活発になる。自立が進むとともに身のまわりのことを自分でしたがるようになり，うまくいったことを保育者に認めてもらうと，自信へとつながる。コミュニケーション能力が育つものの，まだ子ども同士だけではうまく関係を築くことが難しいため，保育者がさりげなく仲立ちをし，子どもが安心して友達と遊べるよう援助をする必要がある。

　友達と手をつないで散歩が楽しめるようになってくる。両足でジャンプしたり鉄棒にぶら下がったりと，全身を使った遊びを設定したい。また，手に触れた感触や道具を使うなかで，素材のおもしろさに触れる機会をもったり，さまざまな色や形を表現できるような活動を取り入れたり，歌や踊りなども子どもが主体となって参加できるような場面を設定したい。

　保育のポイントとしては，子どもの「自分で」という気持ちを尊重し，少し時

間がかかっても，すぐに手を差しのべず見守るようにする。また，友達との散歩を楽しんだり，活動に全身を使った遊びを取り入れたり，友達や保育者を交えての手遊びやダンスなどの活動を取り入れるとよい。

▼実習指導計画案　中心となる活動「しっぽ取りゲーム」細案（2歳児）

【2年次責任実習用】　1日実習指導計画案　別紙
中心となる活動〔　　しっぽ取りゲーム　　〕の細案　　　　　実施日　28年　12月　8日（　木　曜日）

2歳児　うさぎ組　15名（男児9名　／　女児6名）　実習生：

ねらい	・簡単なルールのある遊びを友達や保育者と楽しむ。 ・体を動かすことを楽しむ。		
時間	環境の構成	予想される子どもの活動	援助・指導の留意点
導入 （5分）	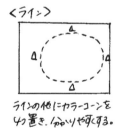	・保育者の話を聞き、ゲームをすることを楽しみにする様子が見られる。 ・「僕（私）たち、しっぽないよ！」等と答える子や集中して話を聞く子がいる。 ・保育者の姿を見て、帽子をしっぽに見立てることを理解する子、すぐに立ち上がってまねしようとする子がいる。 ・保育者の声かけを聞き、「座るんだよ」と友達同士で声をかけ合う。	・「今日はしっぽ取りゲームをします。」とゲームの名前を強調し、楽しみにできるようにする。 ・「みんなにしっぽはあったっけ？」と問いかけ、さらにゲームに興味をもてるようにする。 ・実際にかぶっている帽子をズボンにはさみ、しっぽに見立て、子どもたちがわかりやすいようにする。最後まで話を聞けるよう、後で一斉にやることを伝え、座るよう声をかける。
展開 （15分）	〈お約束〉 ①笛の合図 ・ピー（1回）→ゲーム始め ・ピッピッピー（3回） 　　　　　　→ゲーム終わり ②園庭のラインの中でしっぽ取りゲームをすること 〈ライン〉 ラインの他にカラーコーンを4つ置き、分かりやすくする。	・実践しているところを見て、ルールを理解する。 ・保育者の合図で全員が立ち上がり、しっぽの準備をする。「やって」と友達や保育者にお願いする姿が見られる。 ・友達を追いかけ、しっぽを取る子、ルールが分からず、立ち止まる子がいる。 ・「やだ！　取らないで！」等と友達同士で関わりながらゲームをする。 ・笛の合図を聞き、すぐにゲームをやめる子や、続けてしまう子がいる。 ・保育者の声かけを聞き、その場に座る。 ・帽子のマークを見て、誰のものかわかり返すことができる。 ・1度目よりもルールがわかるようになる。	・子どもを2人前に呼び、実際に見本を示し、ルールを理解できるようにする。 ・安全にゲームを進めることができるよう、笛の合図でやめることや行ってはいけない場所（木の陰、固定遊具、砂場など）をお約束する。 ・笛を1回鳴らし、ゲームを始める。子どもたちが安全にゲームをすることができるよう見守る。 ・ルールが分からずにいる子には個別に声をかけ、参加できるようにする。 ・大半の子がしっぽを取れたら笛を3回鳴らし、ゲーム終了の合図を出す。 ・もう1度ゲームをするため、帽子のマークを見て、お友達に返すよう伝える。 ・全員が帽子を受け取ると2回目のゲームを始める。
まとめ （5分）		・笛の合図を聞き、その場に座る。 ・自分の持っている帽子の数を数え、保育者の問いかけに合わせて手をあげる。 ・最後に1番多く取った子や全員に拍手をする。	・全員が座ると、「1個取った人？」等と2個目以降も子どもたちに問いかけゲームを振り返ることができるようにする。 ・1番多く取った子の名前を呼び、その場で立ってもらい、全員で拍手をする。 ・ゲームの楽しさを共有できるよう、全員でがんばったみんなに拍手をする。

〔準備するもの〕
・帽子（個人マーク入りのもの）
・カラーコーン4つ
・笛（合図用）
・ライン引き

【指導計画作成のポイント】

★子どもの姿をありのままに書く

子どもの姿を記述する箇所には，日ごろの子どもの様子をありのままに書き，保育者の援助などは書かないようにする。

★園の保育を正しくとらえる

指導計画には，実習を行う園の方針やスタイルを正確に反映するようにしたい。生活の工夫や独自の呼び方などを間違えないよう心がける。排泄のタイミングや声かけなど，実習を行う園の1日の流れを正確に把握して，指導計画を立てるようにする。

★計画はできるだけ詳細に書く

実践の導入で手遊びや絵本，紙芝居などを行う場合には，指導者にねらいが伝わるように内容や種類を決めておき，正確に記述するように心がける。また，実習を通して，保育者の声かけを実習日誌に書いておき，指導計画のなかに「○○○○」と声かけをするなどと取り入れることは，積極性や観察力があるとの評価にもつながる。

★指導者の助言を取り入れる

指導計画を実習担当の保育者に見ていただいた際，「ここの部分は，○○してはどうか」など，助言があった場合には，なるべく計画のなかに取り入れるようにする。

★具体的な対応を考えておく

当日の対応に困ることがないよう，具体的な事例と対応策について「うまくできない子には○○する」などと考えておく。また，できた子どもとまだできていない子どもとの間でトラブルとならないよう，遊び用のスペースを準備したり，次の展開を考えておく。

【見つけて，気づこう】

・1日実習指導計画案（0歳児）〈103～104ページ〉，
・実習指導計画案　中心となる活動「外遊び」細案（0歳児）〈105ページ〉
・実習指導計画案　中心となる活動「どうぶつに変身！」細案（1歳児）〈109ページ〉
・実習指導計画案　中心となる活動「しっぽ取りゲーム」細案（2歳児）〈111ページ〉

（1）上記内容における（保育者の）『援助・指導の留意点』に着目しましょう。保育者が実際に行う行動をピンク色マーカーで，保育者が意図することを黄色マーカーで，色分けしましょう。

　例：・一人ひとりと目を合わせて挨拶し，視診をする。
　　　・子ども，保育者が安心できるよう，笑顔で受け入れをする。

（2）（保育者の）『援助・指導の留意点』について色分けをして，よく使う言葉や言いまわしを見つけましょう。さらに，色分けをして，気づいたことやわかったことがあれば自由に書きましょう。

第12章 領域相互の関連性と保育展開Ⅱ
―指導計画の意義・作成・実践例（3歳児）―

3歳児の指導計画と実践

　心身ともにめざましく発達し，ダイナミックな動きができるようになり，子どもの自主性や自我が芽生える時期である。なんでも自分でやりたがり，友達とは違う自分を主張する行動が多くなってくる。また，言葉の数が増えて「なんで」「どうして」と，大人に質問する機会が多くなる。子ども同士でも会話ができるようになり，言葉で自分の気持ちを伝えられるようになってくる。

　保育のポイントとしては，自分の思いどおりに体を動かせるようになり，自分の言葉で伝えられるようになることから，子どもなりの挑戦や工夫する姿勢などを認め，子どもの自信につながるような援助をすることが求められる。また，手指動作が発達し，自分なりに生活面でもいろいろなことができるようになっていく時期である。身のまわりのことは自分でできるように，自信が芽生えるよう粘り強く見守ることが大切となる。

　子どもからの「なんで」「どうして」という質問には，「どうしてかな？」といった簡単な言葉でも必ず応答し，保育者自身も言葉のやり取りを楽しむようにするとよい。ときには，保育者への反抗という形で自我があらわれることもあるが，思わぬ拒否や頑固な態度にもできるだけ寄り添い，余裕のある対応で子どもの心をやわらげるようにする。

　遊びの展開では，人間関係をねらいとする場合，友達とともに遊ぶことの楽しさを味わったり，ルールのある遊びに挑戦することで，集団で気持ちよく遊べた経験が得られるように計画を立てていくとよい。子どもたちは集団生活のなかで，

▼1日実習指導計画案（3歳児）

【2年次責任実習用】

〔　　ひまわり幼稚園　　　　　　　　〕　さくら　　**組**　　　**1日実習指導計画案**

実施日　　28年　　6月　　1日（　水　曜日）

3歳児　さくら　組　24名（男児 12 名　／　女児 12 名）　実習生：

子どもの状態	・クラスの友達を誘ったり、同じものや場所を共有しようとしたり、まねしたりする。 ・簡単なルールのある遊びを多人数で楽しめることもある。

中心となる活動 　　　　あじさいの壁面づくり	ねらい　友達と一緒に作品を作り、友達と関わる楽しさや友達の良いところに気付く。

時間	環境の構成	予想される子どもの活動	援助・指導の留意点
8：30	○順次登園 ○自由遊び（保育室） <保育室> *（図：ままごとコーナー、黒板、ピアノ、机、玩具、ロッカー、ブロックコーナー）*	・登園すると、担任と手を合わせて挨拶したり、日々の出来事を話したりする。 ・出席ノートにハンコを押し、荷物を置いて遊び始める。 ・手づくりのスカートやエプロン等の衣装を身につけてままごとを楽しむ子や、ブロックで大きな乗り物や家等をつくって楽しむ子がいる。	・挨拶の習慣が身につくよう、また一人ひとりの視診のため、全員と手を合わせて挨拶をする。 ・日付や曜日に興味をもてるよう声をかける。 ・荷物の支度がすべて終わってから遊ぶよう声をかける。 ・子どもたちとの関わりを深めるため、子どもと会話をしたり遊びに参加したりする。
9：25	○片づけ ○排泄、水分補給	・保育者の声かけを聞き、玩具を片づける子、遊びに夢中になる子がいる。 ・排泄、水分補給を済ませると自分の席でおねむりをする。	・全員が片づけに参加できるよう、遊びに夢中になっている子には個別に声をかける。 ・子どもたちが次の活動に向けて気持ちを切り替えることができるようおねむりの曲を弾く。
9：40	○朝の会 　・挨拶、おはようのうた 　・日付、曜日、天気 　・出欠確認 　・お当番紹介 　・季節のうた <保育室> *（図：黒板、ピアノ、玩具、ロッカー）* ●…保育者 ○…子ども	・ピアノの合図で立ち、全員で声を合わせて挨拶をする。 ・伴奏を聞き、大きな声で歌う様子が見られる。 ・保育者の声かけにより、全員で、日付、曜日、天気を読み、季節感を味わう。 ・名前を呼ばれると元気よく返事をしたり欠席の子が誰なのか興味をもったりする。 ・お当番の子は前に出て自己紹介をする。また、全員で当番の子に挨拶をする。 ・お当番の子は前に立ったまま、ほかの子はその場で立って歌う。元気よく楽しそうに歌う様子が見られる。	・朝の会をすることを伝え、全員で声を合わせて挨拶ができるよう合図を出す。 ・「おはようのうた」を弾く。歌い出しやすいよう「さんはい」と合図を出す。 ・全員で読むことにより、それらの読み方を理解したり季節感を感じたりできるようにする。 ・一人ひとりの名前を呼び、視診する。また、まわりの友達に興味をもてるよう欠席の子を知らせる。 ・お当番の子を呼び、「あなたのお名前は」の曲に合わせて自己紹介ができるようにする。 ・季節のうたを楽しく歌うことができるよう、手拍子や簡単な振りつけで体を動かしながら歌う。
10：00	○排泄、水分補給	・排泄、水分補給を済ませ、席に着く。友達同士で話す様子が見られる。	・子どもたちが楽しく待っていることができるよう「かたつむり」の手遊びをする。
10：10	○主活動 　「あじさいの壁面づくり」	・壁面をつくる中で、友達と関わる楽しさや友達のよいところに気づく。 ・製作に使った道具を呼ばれたグループから順番に保育者のところへもって行く。	・製作を通して、友達と気持ちを共有したり会話をしたりできるようにする。 ・片づけの際、混雑しないようグループごとに使った道具をもってくるよう伝える。
11：10	○排泄、水分補給 ○戸外遊び準備	・排泄、水分補給を済ませ、帽子をかぶり、保育室の後ろへ集まる。	・遊びに集中できるよう排泄、水分補給を済ませ、戸外遊びの準備をするよう声をかける。
11：20	○自由遊び（園庭） *（図：すべり台、鉄棒、砂場）*	・園庭に出ると、あじさいを見つけ、友達や保育者とよろこびを共有する姿が見られる。 ・砂場で団子をつくったりおままごとをして楽しむ子や、鬼ごっこをする子、固定遊具を楽しむ子がいる。	・「○○くん（ちゃん）があじさいを見つけたって!!」とまわりの子にも声をかけ、よろこびを共有できるようにする。 ・子どもたちとの関わりを深めるため、子どもたちの遊びに参加する。また、安全に遊ぶことができるよう見守る。

115

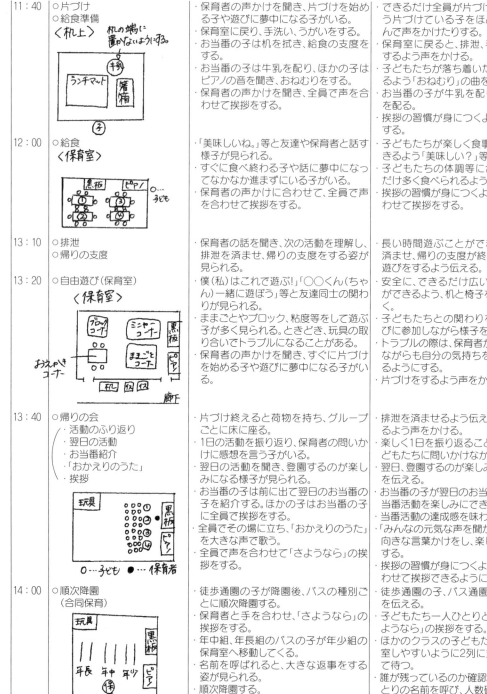

▼実習指導計画案　中心となる活動「あじさいの壁面づくり」細案（3歳児）

【2年次責任実習用】　1日実習指導計画案　別紙
中心となる活動〔　　　あじさいの壁面づくり　　　〕の細案

実施日　　28年　　6月　　1（水　曜日）

3歳児　さくら組　24名（男児 12 名　／　女児 12 名）　実習生：

ねらい	・友達と一緒に作品をつくり、友達と関わる楽しさや友達のよいところに気づく。 ・あじさいの壁面製作を通して季節感を味わう。		
時間	環境の構成	予想される子どもの活動	援助・指導の留意点
導入 (10分)	＜保育室＞ 玩具 ②　① 黒板 ④　③ ○…子ども ●…保育者	○「かたつむり」の手遊びをする。 ・保育者のまねをしながら手遊びを楽しむ。 ○「梅雨」や「あじさい」について知る。 ・保育者の話を聞き、梅雨について理解したりイメージをしたりする。また、あじさいの絵を見て、どこに咲いているか想像し、答える。 ・あじさいの製作物を見る。 ・保育者がつくったものを見て、製作を楽しみにしている様子が見られる。	・子どもたちが楽しみながらかたつむりのイメージができるよう手遊びをする。 ・子どもたちが季節を感じることができるよう梅雨について簡単に説明をする。 ・あじさいのイメージがしやすいよう、写真を示し、身近に咲いていないか問いかける。 ・子どもたちが、これから何をつくるかイメージしやすいよう見本を示す。また、つくるのが楽しみになるような紹介をする。
展開 (40分)	①円形の白い画用紙にスタンプを押す。 ②葉やかたつむりの絵を貼る	○製作の準備をする。 ・お当番の子は材料を配る。 ・保育者のほうを向き、説明を聞く。保育者の様子を見て、つくり方のイメージをし、理解する。 ・「僕（私）は何色がいい！」等と会話をする子がいる。 ・画用紙が配られると、「僕（私）はここに押すね！」等と会話をする子がいる。 ・保育者の「どうぞ」の合図で始める。 ○あじさいの壁面づくりをする。 ・一人1つスタンプを持ち、好きな色の絵の具を選び、押していく。 ・力強くパレットにスタンプを押しつけてしまう子がいる。 ・「○○くん（ちゃん）と同じ色だね。」「今度は何色にしようかな」等と同じグループ内の友達と会話をしながら進めていく。 ○葉やかたつむりの絵を貼る。 ・一人1枚ずつ配られた葉やかたつむりの絵をそれぞれ好きな場所に貼る。 ・「先生見て!!」と保育者に見せる子がいる。	・お当番の子を呼び、ダンボールのスタンプ、絵の具のパレットを配るよう伝える。 ・すべてを配り終えたことを確認し、製作の説明をする。わかりやすいよう、実際にスタンプを押しながら伝えていく。 ・説明を終えると各グループに1枚ずつ、円形の画用紙を配っていく。 ・落ち着いて製作ができるよう、「どうぞ」の合図で一斉に始められるようにする。 ・製作が始まると、子どもたちの様子を見守るため、それぞれのグループを見て回る。 ・力強くパレットにスタンプを押しつけてしまう子に「優しくポンポンしてね。」と声をかけたり、一緒にやってみたりして使い方を伝える。 ・楽しい気持ちで製作ができるよう、「きれいな色だね」「次は何色にする？」等と声をかけながら様子を見守る。 ・大体、白い画用紙が埋まってきたら、一人1枚葉やかたつむりの絵を配る。（お当番の子はかたつむり） ・裏の両面テープをはがし、葉やかたつむりの絵を貼るよう伝える。
まとめ (10分)		○できあがった壁面を見せ合う。 ・終わったグループからあじさいを保育者に渡し、席を元に戻す。 ・友達の作品を見てよろこびを共有したり同じクラスの友達のよいところに気づく。	・終わったグループから順に黒板や壁に貼っていく。お互いの作品を見せ合えるよう席の場所を元に戻すよう伝える。 ・みんなで協力して完成できたよろこびを味わうことができるよう作品を見せ合う。

〔準備するもの〕

〈子どもたちに配るもの〉
・スタンプ……24（人）×1（コ）＝24コ
　（段ボールをまるめたもの）
・スタンプ台……ピンク、水色、紫、黄　各4つ
　（パレットの上に絵の具を染み込ませたタオルを置く。）
・葉……5（人）×4（グループ）＝20枚
　かたつむり……1（人）×4（グループ）＝4枚（お当番用）
・円形画用紙……4（グループ）×1（枚）＝4枚（直径60cm）

〈説明時に使うもの〉
・あじさいの写真
・見本用のあじさい
・製作の説明時のあじさいの土台
　（円形の画用紙）

日々いろいろな気持ちを経験し，相手にも自分と同じ気持ちがあることを知っていく。そのため，トラブルは悪いことであるととらえずに，友達と関わり，感情を知るチャンスとして大切にするようにしたい。子どもたちは，自分の気持ちを受けとめてもらうことで安心感をもち，気持ちをより素直に出せるようになってゆく。

【指導計画作成のポイント】

★文章表現のチェック

　提出前に，文章表現については何度か見直し必ず修正しておく。指導者の印象は，ささいな点でも変化することがある。ら抜き言葉，はなし言葉，漢字のミスはとくに気をつける。

★日課としての活動を考えておく

　園により違いはあるものの，たとえば朝の日課で言葉がけをすることで，子どもの持ち物や行動を再認識できることがある。予定される日課での活動では，子どものやる気を引き出し，自分でできるような援助を心がけたい。子どものがんばった姿が予想される場面では，がんばりを認め，ほめるのはもちろんのこと，周囲の子どもたちがどう感じるかまで，考えて意欲を引き出すことにつなげたい。日ごろの保育者の細やかな動きをよく観察して，指導計画に反映させるようにする。また，園独自のさまざまな保育方針があり，特徴がある。活動を確認し，その意味を理解し，ほかの保育者の動きや言葉がけを指導計画作成のためにチェックし，反映させるようにする。

★保育者が見せる

　主活動では，まず保育者が行い，それを見て子どもがまねるという手順で考えるとよい。保育者が何かをつくったり動いたりする姿を見せて，子どもが自分でもやりたいという意欲を引き出すことをねらいとしたい。

★ごっこ遊びなどへ展開してみる

　製作でできあがったものを活用し，ごっこ遊びなどへ発展することを考えてみるとよい。その際には，子どもが誤って口に入れたりしない，服を汚してしまうような注意点も計画のなかに書いておく。

★対応は念入りに考えておく

　たとえば，長くゲームを行うと，必ず飽きてしまう子どもが出てくる。指導計画でも，その対応を考えておく必要がある。単に「注意をひきつけるように……，子どもが飽きないように……」と書くのではなく，具体的な対応，言葉がけができるように，指導計画に細かく書いておくようにするとよい。実習中に突発的な対応をとることは非常に難しいと思われるため，指導計画の段階でしっかり突き詰めて計画を立てておくことが望ましい。

【見つけて，気づこう】

・1日実習指導計画案（3歳児）〈115〜116ページ〉，
・実習指導計画案　中心となる活動「あじさいの壁面づくり」細案（3歳児）〈117ページ〉

（1）　上記内容における『予想される子どもの活動』に着目しましょう。子どもが日々の積み重ねによって見通しを持てる活動を緑色マーカーで，その日によって子どもの姿が変化する活動を水色マーカーで，色分けしましょう。

　例：・排泄，水分補給を済ませ，席に着く。友達同士で話す様子が見られる。
　　　・壁面をつくる中で，友達と関わる楽しさや友達のよいところに気づく。

（2）　『予想される子どもの活動』について色分けをして，よく使う言葉や言いまわしを見つけましょう。さらに，色分けをして，気づいたことやわかったことがあれば自由に書きましょう。

第13章 領域相互の関連性と保育展開Ⅲ
―指導計画の意義・作成・実践例（4歳児）―

4歳児の指導計画と実践

　日常生活において，友達や保育者と会話が楽しめるようになり，簡単なルールのある遊びや，じゃんけんがじょうずになる。身のまわりのことができ，人に関心が向くことで思いやりの心が芽生えてくる。先の見通しから，子どもなりの我慢や努力をしている姿に寄り添い，認め，理解することが大切である。

　保育のポイントとしては，「どうしたらうまくいくか」を考えて行動している姿を認め，ほめることが大切である。結果だけにこだわらず，努力の過程を見つめる目をもつ。自分の行動を我慢する姿やできない友達の世話をしたり，手伝いをしている姿が見られたら，その努力を認めて言葉をかけるようにしたい。食事の場面でも，友達や保育者と会話を楽しみながら食事ができるようになる。食事のマナーを守りつつ，食に関心をもてるような声かけなど，「人間関係」と「健康」からねらいをもった援助などを工夫していきたい。遊びの場面では，体を自由に動かすことを楽しむ一方で，じっくりと取り組むこともできるようになってくる。友達同士の遊びでは，ルールのある遊びを楽しみながらも，子どもがそのルールから遊びの幅を広げられるような活動を考えてみたい。

▼1日実習指導計画案（4歳児）

【2年次責任実習用】

〔　　ひまわり幼稚園　　　　　　　〕　たんぽぽ**組**　　　**1日実習指導計画**

実施日　　28年　　1月　　27日（　水　曜日）

4歳児　たんぽぽ組　24名（男児 14 名　／　女児 10 名）　実習生：

子どもの状態	・簡単なルールのある遊びを友達同士で楽しむ様子が見られる。 ・男の子、女の子に分かれて遊んだり、固定した友達同士で遊んだりする姿が見られる。

中心となる活動		ねらい	クラスの友達や異年齢の友達と関わりを深め、思いやりや親しみをもつ。
豆まきゲーム			

時間	環境の構成	予想される子どもの活動	援助・指導の留意点
8：30	○順次登園 ○自由遊び（保育室） <保育室> 黒板　ピアノ 机 机 机 机 玩具 ロッカー	・登園すると、担任と手を合わせて挨拶をする子、忘れてしまう子がいる。 ・出席ノートにハンコを押し、荷物を置いて遊び始める。 ・男の子、女の子に分かれて遊んだり、固定した友達同士で遊んだりする姿も見られる。	・挨拶の習慣が身につくよう、また、視診のため、忘れている子には名前を呼び、声をかける。 ・日付がわかりやすいよう、ハンコの近くに日めくりカレンダーを置いておく。 ・子どもたちと関わりを深めるため、子どもたちと会話をしたり、遊びに参加したりしながら見守る。
9：30	○片づけ ○排泄、水分補給	・保育者の声かけを聞き、自分のまわりの玩具を片づける。 ・排泄、水分補給を済ませると、自分の席でおねむりをする。	・全員が片づけに参加することができるよう、残っている玩具を片づけるよう個別にも伝える。 ・気持ちが落ち着くよう、おねむりの曲を弾き、全員が揃うのを待つ。
9：40	○朝の会 ・挨拶、「おはようのうた」 ・日付、曜日、天気 ・出欠確認 ・お当番紹介 ・季節のうた <保育室> 黒板　ピアノ 玩具 ロッカー ○…子ども　●…保育者	・ピアノの合図で、立ち、全員で声を合わせて挨拶をする。 ・伴奏を聞き、大きな声で歌う様子が見られる。 ・全員で声を合わせて読み、季節を感じたり、読み方を理解したりする。 ・タイミングよく、大きな声で返事をする子、声が小さくなってしまう子がいる。 ・「あなたのお名前は」の曲に合わせて自己紹介をする。元気よく話せる子、緊張してしまう子がいる。 ・お当番の子は前に立ったまま、ほかの子は、その場で立って歌う。元気よく、楽しそうに歌う様子が見られる。	・朝の会をすることを伝え、全員で声を合わせて挨拶ができるよう合図を出す。 ・「おはようのうた」を弾く。楽しい気持ちで歌えるよう、「元気な声を聞かせてね」と声をかける。 ・日付、曜日、天気を全員で読み、季節感やそれらの読み方がわかるようにする。 ・全員の視診をするため、「元気なお返事をしてくださいね」等と声をかけ、名前を呼ぶ。 ・お当番の子を呼び、お当番紹介をする。元気よく自己紹介ができるよう、前向きな言葉かけをする。 ・季節のうたを楽しく歌うことができるよう、歌い出しの前に「さんはい」と合図を出したり、「大きく優しい声で！」等と声をかけたりする。
10：00	・排泄、水分補給	・排泄、水分補給を済ませ、席に着く。友達同士で話す姿が見られる。	・活動に集中することができるよう、排泄、水分補給を済ませ、席に着くよう伝える。
10：10	○主活動 「豆まきゲーム」	・保育者のまねをして手遊びを楽しむ様子が見られる。 ・保育者の様子を見て、お約束を理解し、活動を楽しみにする。	・子どもたちの気持ちが落ち着くよう「のねずみ」の手遊びを楽しむ。 ・活動が楽しみになるよう、次の活動を伝え、安全にホールへ移動できるよう3つお約束をする。
11：40	○保育室へ移動 ○排泄、手洗い <机上> 牛乳 ランチマット　箸箱	・クラスでまとまって保育室に戻り、排泄、手洗いを済ませる。 ・自分の席にランチマット、箸箱を出し席に着く。お当番の子は、自分の支度を終えると、台拭きを絞り、給食、牛乳を配る。 ・「ここに給食がないよ」等とお当番の子に伝える子がいる。	・全員が戻ってきているか、人数を確認した後、排泄、手洗いをするよう声をかける。 ・給食の支度をするよう声をかける。子どもたちが気持ちを切り替えることができるよう、「おねむり」の曲や季節のうたを弾く。落ち着いた雰囲気になったら、お当番の子が配膳しやすいよう、声をかけ合える雰囲気づくりをする。

時刻	活動	子どもの姿	保育者の援助
12:00	○給食 <保育室> 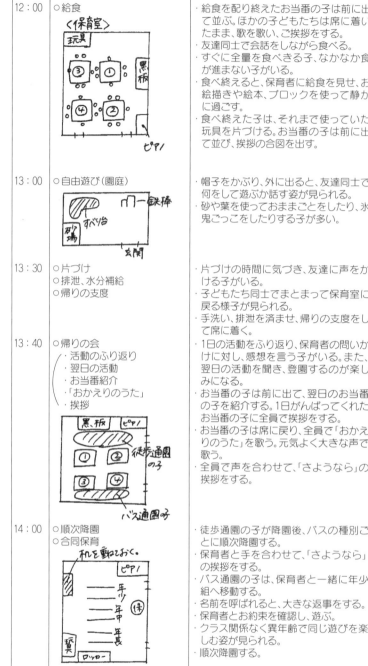	・給食を配り終えたお当番の子は前に出て並ぶ。ほかの子どもたちは席に着いたまま、歌を歌い、ご挨拶をする。 ・友達同士で会話をしながら食べる。 ・すぐに全量を食べきる子、なかなか食が進まない子がいる。 ・食べ終えると、保育者に給食を見せ、お絵描きや絵本、ブロックを使って静かに過ごす。 ・食べ終えた子は、それまで使っていた玩具を片づける。お当番の子は前に出て並び、挨拶の合図を出す。	・挨拶の習慣が身につくよう給食を配り終えたら、「きゅうしょくのうた」を弾く。 ・お当番の子を中心に、挨拶ができるよう援助をする。 ・子どもたちと一緒に食べながら、様子を見守る。子どもたちの体調に合わせて食べ進められるよう声をかける。 ・「これでいいですか。」と見せてくる子どもたちに対し、頑張って食べたことをほめ、食事の時間が楽しくなるようにする。 ・時間を伝え、玩具を片づけるよう声をかける。 ・食べる前と同様、お当番の子を中心に挨拶ができるよう援助をする。
13:00	○自由遊び(園庭)	・帽子をかぶり、外に出ると、友達同士で何をして遊ぶか話す姿が見られる。 ・砂や葉を使っておままごとをしたり、氷鬼ごっこをしたりする子が多い。	・友達同士の小さな言い合いは自分たちで解決することができるよう見守る。 ・鉄棒やすべり台等の固定遊具には、保育者がつき、事故を防ぐ。 ・子どもたちの遊びに参加しながら見守る。
13:30	○片づけ ○排泄、水分補給 ○帰りの支度	・片づけの時間に気づき、友達に声をかける子がいる。 ・子どもたち同士でまとまって保育室に戻る様子が見られる。 ・手洗い、排泄を済ませ、帰りの支度をして席に着く。	・協力して全員が片づけに参加することができるよう声をかける。 ・クラスでできるだけまとまって保育室に戻ることができるよう声をかける。 ・帰りの支度で忘れ物がないか、タオルかけやロッカーの中を確認する。
13:40	○帰りの会 ・活動のふり返り ・翌日の活動 ・お当番紹介 ・「おかえりのうた」 ・挨拶	・1日の活動をふり返り、保育者の問いかけに対し、感想を言う子がいる。また、翌日の活動を聞き、登園するのが楽しみになる。 ・お当番の子は前に出て、翌日のお当番の子を紹介する。1日がんばってくれたお当番の子に全員で挨拶をする。 ・お当番の子は席に戻り、全員で「おかえりのうた」を歌う。元気よく大きな声で歌う。 ・全員で声を合わせて、「さようなら」の挨拶をする。	・子どもたちが1日を振り返ることができるよう、感想を問いかける。 ・翌日の活動を子どもたちに伝え、翌日からも楽しく登園することができるようにする。 ・お当番の子が翌日の当番の子を紹介し、当番活動を楽しみにできるようにする。 ・当番活動の達成感を味わえるようにする。 ・「みんなの元気な声を聞かせてね」と前向きな言葉かけをし、「おかえりのうた」を弾く。元気よく歌った子どもたちをほめ、立つよう伝える。 ・挨拶の習慣が身につくよう、全員で声を合わせて挨拶ができるようにする。
14:00	○順次降園 ○合同保育	・徒歩通園の子が降園後、バスの種別ごとに順次降園する。 ・保育者と手を合わせて、「さようなら」の挨拶をする。 ・バス通園の子は、保育者と一緒に年少組へ移動する。 ・名前を呼ばれると、大きな返事をする。 ・保育者とお約束を確認し、遊ぶ。 ・クラス関係なく異年齢で同じ遊びを楽しむ姿が見られる。 ・順次降園する。	・徒歩通園、バスの種別ごとに子どもたちに並ぶ場所を伝える。 ・子どもたち一人ひとりと手を合わせて、「さようなら」の挨拶をする。 ・徒歩通園の子を見送ると、バス通園の子と一緒に年少組へ移動する。 ・誰が残っているのかを確認するため、一人ひとり名前を呼び、人数確認をする。 ・合同保育のため、事故がないよう、部屋での過ごし方や玩具の使い方の確認してから遊び始められるようにする。 ・降園する子どもたちと挨拶をする。

▼実習指導計画案　中心となる活動「豆まきゲーム」細案（4歳児）

【2年次責任実習用】　1日実習指導計画案　別紙
中心となる活動〔　　　豆まきゲーム　　　〕の細案

実施日　　28年　　1月　　27日（　水　曜日）

4歳児　たんぽぽ組　24名（男児 14 名　／　女児 10 名）実習生：

ねらい	・簡単なルールのある遊びを通して、楽しさやうれしさ等を共有する中で、友達との関わりを深める。		
時間	環境の構成	予想される子どもの活動	援助・指導の留意点
導入 （15分）	〈ホール〉 ①②③④（保） ○…白チーム→帽子を裏返してかぶる。 ●…赤チーム	・グループごと、1列に並び（計4列）、全員で「鬼のパンツ」を歌う。 ・保育者の問いかけに対し、「知ってる！」等と答え、節分に興味をもつ。 ・集中して絵本を見る様子が見られる。 ・保育者の問いかけに答えながら内容をふり返り、活動に興味をもつ。 ・保育者の示す見本を見て、ルールを理解する。	・お約束を守った子どもたちに感謝を伝え、「鬼のパンツ」を弾き、楽しく歌えるようにする。 ・「みんな、節分って知ってる？」等と問いかけ、興味をもつことができるようにする。 ・全員に絵本が見えるよう、位置に注意する。 ・子どもたちにクイズを出しながら、楽しく内容をふり返り、活動が楽しみになるようにする。 ・ゲームのルールをわかりやすいように、実際に示しながら説明をする。
展開 （40分）	白チーム（保） 豆ゾーン 赤チーム（保） 〈ルール〉 ・子どもたちが「豆ゾーン」に豆を取りに行く。 ・各チームの箱に入れる。 ・多くの豆を入れることができたチームが勝ち。	・保育者の説明を理解し、すぐにゲームを楽しめる子や、ルールがわからず、友達の様子を見ている子がいる。 ・ゲームが終わると、元の位置に戻る。 ・チーム内の子ども同士で、「がんばろうね」「勝とうね」等と話す姿が見られる。 ・ゲームが始まると、両手にたくさんの豆を抱える子や豆を探す様子の子がいる。 ・終わりの合図を聞くと、手に持っている豆をその場に置き、元の位置に戻る。 ・保育者と一緒に豆の数を数えることで、どちらのチームが多く集めることができたのか、楽しみにする。 ・勝ったチームは、その場で立ち上がってよろこび、負けたチームは拍手をする姿が見られる。 ・2回戦目では、1回戦目以上に豆を一生懸命集める様子が見られる。 ・ゲームが終わると全員で拍手をする。	・子どもたちがよりルールを理解しやすいように、練習として1度実践してみる。 ・ルールがわからずにいる子のそばに行き、ゲームの中に入っていけるよう声をかける。 ・どちらのチームが多く集めることができるか競争をすることを伝え、楽しく取り組めるようにする。 ・ゲーム中、豆を探している子には、「ここにあるよ」と声をかけ、参加できるようにする。 ・30秒程でゲームを切り上げ、一度、元の位置に戻るように伝える。 ・どちらのチームが多く集めることができたのか、楽しみながら数えられるように、各チームの箱に保育者がつき、1つずつ全員で数える。 ・多かったほうのチームに勝ちであることを伝え、次のゲームにつなげる。 ・同様にゲームをし、数え終えると、勝ちのチームを伝える。楽しい気持ちで終えることができるよう、勝ったチームも負けたチームもよくがんばったことを受け入れ、言葉かけをする。
まとめ （15分）		・保育者の問いかけを聞き、「楽しかった。」「○個集められたよ！」等と感想を言う姿が見られる。 ・節分についての説明を聞き、豆まきを楽しみにできるようにする。	・チームで協力してがんばったことをほめ、子どもたちに感想を聞き、ゲームをふり返る。 ・節分ではなぜ豆まきをするのか、簡単に説明し、節分当日を楽しみにできるようにする。

〔準備するもの〕
・導入：絵本「まめまき」
・子どもたちが用意するもの
　……クラス帽

【指導計画作成のポイント】

★保育者の動きの真意をつかむ

　保育者は単に見守っていたり，すぐに手伝ったりはしていない。子どもの様子を見て，その状況や動きに応じた対応をしている。また，4歳になると約束や我慢ができるなど，見通しが立てられるようになる。時間になったら保育者が声かけをして次の活動に移るよりも，子ども自身が先の見通しをもって遊ぶことが大切である。時計の針の形で時間の推移を伝えるなど，保育者のそれぞれの工夫を指導計画に取り入れてみたい。

★時間にはある程度の余裕をもって

　登園後から活動の準備までの間は，あわただしいこともあり，計画どおりにならないこともある。そのため，子どもが取り組む内容を単純なものに変更したり，実習生があらかじめ用意しておくなど，当日になって困ることのないように余裕をもった計画を立てておく。活動の事前に準備するものや，流れなどは指導計画のなかに図で示しておくとよい。

★環境構成図はていねいに描く（書く）

　たとえば，指導計画のなかに「椅子を2列に並べる」と書いただけでは，「誰が・何のために・どのように」並べるのかがわからない。指導計画の流れが，環境構成の図を見るだけで理解できることが理想的である。

★「導入」のための活動を考える

　次の活動のために，子どもに期待感をもってもらう手遊びや歌，絵本，紙芝居，ときにはマジック，クイズなどを考えておく。導入がなく，突然活動に入ることを説明しても，子どもたちはとまどってしまい，保育のつながりも途切れてしまうことがある。また，導入だけではなく，いつから活動をスタートするのか，区切りが子どもにも伝わるように，実習生のあいさつや説明の時間を取り入れる工夫をする。説明での伝え方も，実際に手本を見せるとスムーズに進められる一方で，何ができるのかという期待感をもたせるためには，あえて手本を見せない進め方もある。一度にすべてを説明するのではなく，段階を追って説明をするなど，子どもたちが迷うことのないよう計画を立てておく。

★言葉がけで子どもをあわてさせない

たとえば，衣服の着脱などは個人差や発達の状況によって個人差がある。そのため，早く済ませることがねらいとならないよう配慮することが必要である。日ごろの保育者の援助をよく観察し，子どもの個人差を把握し，指導計画のなかでの言葉がけの工夫に活用するとよい。

★説明は不足のないように

子どもに説明をする際には，何のための行動なのかを伝え，言葉をかけるとよい。指導計画にも，「〜のため，〜をする」というように内容を記述し，子どもへの説明も同様に伝えるとよい。

★体を動かす遊びの導入

体を動かす遊びやゲームなどの導入では，準備運動となるようなリズム遊びなどもよい。体を動かし慣れることによって，活動中のケガや事故を予防できる。

★あいまいな表現は避ける

「ときどき声かけをする」といった表現では，いつ子どもに声かけを行うのかわからない。子どもの様子を見守りながら，どのようなときに声かけをするのか，具体的に記述する。たとえば，遅れ気味の子どもや，遊んでしまっている子どもには言葉かけをして，次の活動への期待をもたせ，意欲を起こせるようにする，と記述するのがよい。

【見つけて,あなたがつくろう】

・1日実習指導計画案(4歳児)〈121～122ページ〉,
・実習指導計画案 中心となる活動「豆まきゲーム」細案(4歳児)〈123ページ〉

(1) 上記内容における(保育者の)『援助・指導の留意点』と『予想される子どもの活動』に着目しましょう。保育者が実際に行う行動をピンク色マーカーで,保育者が意図することを黄色マーカーで,子どもが日々の積み重ねによって見通しを持てる活動を緑色マーカーで,その日によって子どもの姿が変化する活動を水色マーカーで,色分けしましょう。

(2) あなたが実践したいと思う5歳児の『中心となる活動』を〈ゲーム編〉〈製作編〉に分けて準備をしましょう。①中心となる活動,②ねらい,③遊び方・制作の進め方,④準備するもの・説明のときに使うもの,⑤環境構成,⑥導入-展開-まとめのときどきで,保育者の援助・指導の留意する点,を意識して細案につなげていけるよう考えましょう。

	〈ゲーム編〉	〈制作編〉
①中心となる活動		
②ねらい		
③遊び・製作の進め方		

④準備物 　説明使用物		
⑤環境構成		
⑥援助・指導の 　留意点 　導入 　展開 　まとめ	〈導入〉 〈展開〉 〈まとめ〉	〈導入〉 〈展開〉 〈まとめ〉

〈MEMO〉

第14章 領域相互の関連性と保育展開IV
―指導計画の意義・作成・実践例（5歳児）―

5歳児の指導計画と実践

　仲間とともに協力し教え合い，目標に向かっていくことによろこびややりがいを感じるようになる。友達との話し合いのなかで互いに役割分担を考え，主体的に行動できるようになる。また，過去・現在・未来といった時間や空間を認識できるようになるため，会話や表現が豊かになっていく。今から始めてどのくらい期間が必要か，どのくらいのスペースが必要かなど，計画を立てて行動できるようになる。

　保育のポイントとしては，目標をもって，どうしたらできるようになるのか，自分で考えながら懸命に練習している姿をほめ，できたときには子どもとよろこび合い，十分に受け止めるようにしたい。「言葉」の面では，書き言葉に関心をもつようになり，文字を書いて楽しむ子どもの姿がみられるようになる。言葉のイメージが膨らむような絵本選びや，身近な体験を文字に表すといった活動も取り入れていきたい。また，動植物を育てる活動では，観察を通して時間の流れを感じ取ることができるため，園生活のなかに積極的に加えていきたい。

　遊びの面では，目標に対して見通しをもって計画を立てることができ，子ども同士で話し合い，考えをすり合わせることができるようになる。そのため，子どもの主体性を損なわないような援助をしなければならない。実際の遊びに必要な物をつくることで，意欲を高めることができる。仲間と話し合って協力し，いろいろな素材を使って工夫する楽しさを味わいながら，ときには何日もかけてつくりあげることもできるようになる。

体を動かす遊びでは，「人間関係」を考慮して，仲間同士で応援したりされたりと，仲間との一体感が高まる活動を取り入れたい。また，音楽遊びのなかにも，合奏や輪唱，合唱など，子どもたちが自由に主体的に表現できるようにするとよい。このような，子どもたちの遊びのなかで，もめごとが起こることもあるが，まずは，子どもたち同士で解決へ導くための努力を見守り，すぐに干渉することのないよう関わりをもつことが大切である。

▼1日実習指導計画案（5歳児）

【2年次責任実習用】

〔　　ひまわり幼稚園　　）　すみれ組　　　1日実習指導計画案

実施日　　28年　　7月　　28日（　木　曜日）

5歳児　すみれ組　24名（男児12名　／　女児12名）　実習生：

子どもの状態	・クラスの友達との関わりが深まり、クラス全体で集団遊びを楽しんだり、生活グループで協力して当番を担ったりする姿が見られる。 ・楽しかったことや悲しかったこと等を友達同士で共有する姿が見られる。		
中心となる活動	スクラッチ壁面製作	ねらい	友達と一緒に活動する中で、共通の目的を見つけ、協力してやり遂げようとする。
時間	環境の構成	予想される子どもの活動	援助・指導の留意点
8：30	○順次登園 ○自由遊び（保育室） （黒板、ピアノ、机、ブロック・おままごと、ロッカーの配置図）	・登園すると、担任と手を合わせて挨拶をする。 ・出席ノートにハンコを押し、荷物をロッカーに入れる。 ・朝の支度を終えると、お絵描きやおままごと、ブロック等自由遊びをする。	・登園してきた子、一人ひとりと手を合わせて挨拶し、視診をする。 ・子どもたちと関わりを深めるため、会話をしたり、遊びに参加したりする。 ・子どもたちが楽しく安全に過ごすことができるよう、見守り、環境を整える。
9：30	○片づけ ○排泄、水分補給	・時計を見て、片づけの時間であることに気づいたり、自分の使っていた玩具を片づけたりする。 ・排泄、水分補給を済ませると、着席し、おねむりをして待つ。 ・おきよの曲と共にクラスの名前を呼ばれ、元気よく返事をする。	・時間に気づいた子と一緒に片づけの声かけをし、時間を意識できるようにする。 ・全員が片づけられるよう声をかける。 ・活動に集中できるよう、排泄、水分補給をするよう伝える。 ・気持ちが落ち着くようおねむりの曲を弾き、全員が揃ったら「おきよ」を弾く。
9：40	○朝の会 ・挨拶、朝のうた ・日付、曜日、天気 ・出欠確認 ・お当番紹介 ・季節のうた （玩具、個人ロッカー、グループ①②③、黒板、ピアノの配置図） ○…子ども　●…保育者	・保育者の合図を聞き、全員で声を合わせて挨拶をする。 ・保育者の声かけを聞き、大きな声で歌う姿が見られる。 ・全員で日付や天気を読み、季節感を感じたり読み方を覚えたりする。 ・名前を呼ばれると、元気よく返事をする。欠席している友達の理由を知りたがる様子が見られる。 ・お当番の子は前に出て、自己紹介をする。質問タイムでは、友達を指名し、質問に答える。 ・当番の子は自分の席に戻り、全員で季節の歌を歌う。大きな声で元気よく歌う姿が見られる。	・朝の会をすることを伝え、全員で声を揃えて挨拶ができるよう合図を出す。 ・「朝のうた」を弾く。大きな声で歌えるよう声をかける。 ・日付や曜日、天気の確認をし、季節の移ろいが実感できるようにする。 ・一人ひとり名前を呼び、出欠の確認をする。子どもたちと一緒に確認し、まわりの友達に興味をもてるようにする。 ・当番の子を前に呼び、「あなたのお名前は」の曲に合わせて自己紹介ができるようにする。全員で当番の子に挨拶をするよう合図を出す。 ・子どもたちが歌い出しやすいよう「さんはい」と合図を出す。楽しく歌うことができるよう前向きな言葉かけをする。
9：55	○排泄、水分補給	・排泄、水分補給をして席に着く。まわりの友達と話す姿が見られる。	・排泄、水分補給をして席に着くよう伝え、活動に集中できるようにする。

時刻	環境構成	予想される子どもの活動	保育者の援助・配慮
11:05	○片づけ ○排泄、水分補給	・呼ばれたグループから順に、製作に使ったものを自分のロッカーにしまう。 ・片づけ終えた子から順に排泄、水分補給を済ませ、帽子をかぶって着席する。	・ロッカー前が混雑しないようグループごとに順番に片づけができるようにする。 ・片づけ、排泄、水分補給を終えた子から順に、帽子をかぶって席に着くよう声をかける。
11:15	○自由遊び(園庭) 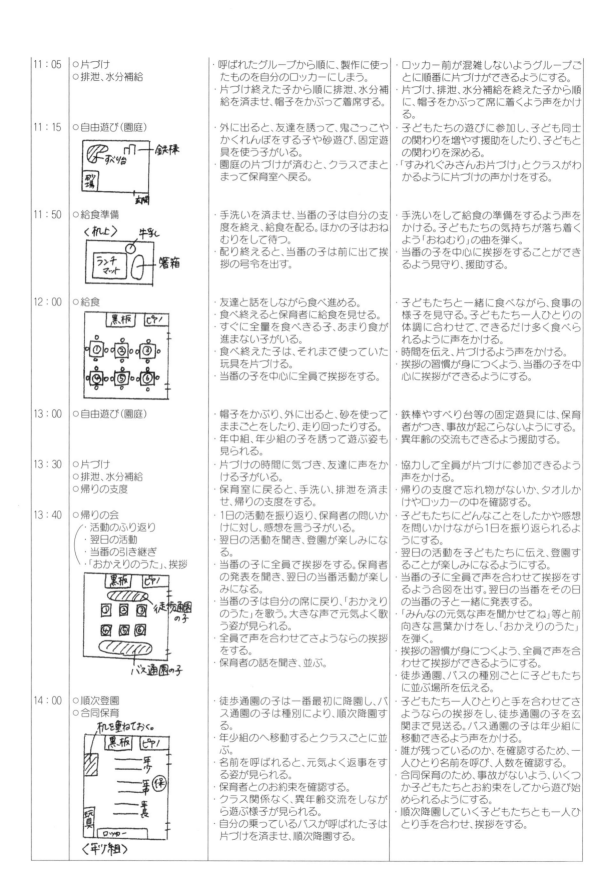	・外に出ると、友達を誘って、鬼ごっこやかくれんぼをする子や砂遊び、固定遊具を使う子がいる。 ・園庭の片づけが済むと、クラスでまとまって保育室へ戻る。	・子どもたちの遊びに参加し、子ども同士の関わりを増やす援助をしたり、子どもとの関わりを深める。 ・「すみれぐみさんお片づけ」とクラスがわかるように片づけの声かけをする。
11:50	○給食準備	・手洗いを済ませ、当番の子は自分の支度を終え、給食を配る。ほかの子はおねむりをして待つ。 ・配り終えると、当番の子は前に出て挨拶の号令を出す。	・手洗いをして給食の準備をするよう声をかける。子どもたちの気持ちが落ち着くよう「おねむり」の曲を弾く。 ・当番の子を中心に挨拶をすることができるよう見守り、援助する。
12:00	○給食	・友達と話をしながら食べ進める。 ・食べ終えると保育者に給食を見せる。 ・すぐに全量を食べきる子、あまり食が進まない子がいる。 ・食べ終えた子は、それまで使っていた玩具を片づける。 ・当番の子を中心に全員で挨拶をする。	・子どもたちと一緒に食べながら、食事の様子を見守る。子どもたち一人ひとりの体調に合わせて、できるだけ多く食べられるように声をかける。 ・時間を伝え、片づけるよう声をかける。 ・挨拶の習慣が身につくよう、当番の子を中心に挨拶ができるようにする。
13:00	○自由遊び(園庭)	・帽子をかぶり、外に出ると、砂を使ってままごとをしたり、走り回ったりする。 ・年中組、年少組の子を誘って遊ぶ姿も見られる。	・鉄棒やすべり台等の固定遊具には、保育者がつき、事故が起こらないようにする。 ・異年齢の交流もできるよう援助する。
13:30	○片づけ ○排泄、水分補給 ○帰りの支度	・片づけの時間に気づき、友達に声をかける子がいる。 ・保育室に戻ると、手洗い、排泄を済ませ、帰りの支度をする。	・協力して全員が片づけに参加できるよう声をかける。 ・帰りの支度で忘れ物がないか、タオルかけやロッカーの中を確認する。
13:40	○帰りの会 ・活動のふり返り ・翌日の活動 ・当番の引き継ぎ ・「おかえりのうた」、挨拶	・1日の活動を振り返り、保育者の問いかけに対し、感想を言う子がいる。 ・翌日の活動を聞き、登園が楽しみになる。 ・当番の子に全員で挨拶をする。保育者の発表を聞き、翌日の当番活動が楽しみになる。 ・当番の子は自分の席に戻り、「おかえりのうた」を歌う。大きな声で元気よく歌う姿が見られる。 ・全員で声を合わせてさようならの挨拶をする。 ・保育者の話を聞き、並ぶ。	・子どもたちにどんなことをしたかや感想を問いかけながら1日を振り返られるようにする。 ・翌日の活動を子どもたちに伝え、登園することが楽しみになるようにする。 ・当番の子に全員で声を合わせて挨拶をするよう合図を出す。翌日の当番をその日の当番の子と一緒に発表する。 ・「みんなの元気な声を聞かせてね」等と前向きな言葉かけをし、「おかえりのうた」を弾く。 ・挨拶の習慣が身につくよう、全員で声を合わせて挨拶ができるようにする。 ・徒歩通園、バスの種別ごとに子どもたちに並ぶ場所を伝える。
14:00	○順次降園 ○合同保育	・徒歩通園の子は一番最初に降園し、バス通園の子は種別により、順次降園する。 ・年少組のへ移動するとクラスごとに並ぶ。 ・名前を呼ばれると、元気よく返事をする姿が見られる。 ・保育者とのお約束を確認する。 ・クラス関係なく、異年齢交流をしながら遊ぶ様子が見られる。 ・自分の乗っているバスが呼ばれた子は片づけを済ませ、順次降園する。	・子どもたち一人ひとりと手を合わせてさようならの挨拶をし、徒歩通園の子を玄関まで見送る。バス通園の子は年少組に移動できるよう声をかける。 ・誰が残っているのか、確認するため、一人ひとり名前を呼び、人数を確認する。 ・合同保育のため、事故がないよう、いくつか子どもたちとお約束をしてから遊び始められるようにする。 ・順次降園していく子どもたちとも一人ひとり手を合わせ、挨拶をする。

▼実習指導計画案　中心となる活動「スクラッチ壁面づくり」細案（5歳児）

【2年次責任実習用】 1日実習指導計画案　別紙
中心となる活動〔　　　スクラッチ壁面製作　　　　〕の細案

実施日　　28年　　7月　　28日（　木　曜日）

5歳児　すみれ組　24名（男児 12 名　／　女児 12 名）　実習生：

ねらい	・友達と協力して、1つのものをつくり上げることの達成感を味わう。 ・友達と関わりながら製作を進め、友達のよさに気づく。		
時間	環境の構成	予想される子どもの活動	援助・指導の留意点
導入 (20分)	 ○…子ども ●…保育者	・保育者と一緒に手遊びを楽しみ、歌って手を動かす。 ・「あ!見えた!!」等と背中から見えた絵本を指差し、興味をもつ。 ・絵本に集中する様子が見られる。 ・保育者の問いかけに答えながら内容をふり返り、活動に興味をもつ。 ・呼ばれたグループごとに、自分のロッカーに製作で使うものを取りに行く。	・子どもたちが次の活動に期待できるよう手遊び「はじまるよ」を行う。 ・背中から絵本をのぞかせ、子どもたちが絵本に興味をもてるようにする。 ・全員に絵本が見える位置を意識する。 ・読み終えたら、内容のふり返りをし、スクラッチ部分のページを見せ、活動につなげる。 ・製作に必要なものを伝え、グループごとに取りに行くよう説明する。
展開 (40分)	①水性マーカーで画用紙に色を塗る。 ②上から黒いクレヨンで塗りつぶす。 ③さらに上から鉛筆で花火を描く。 ④6つのグループの画用紙をつなげる。	・グループの友達同士で、道具の確認をし合う姿が見られる。 ・集中して聞く子や、友達同士で話す子、保育者の問いかけに答える子がいる。 ・友達と同じ色を使ったり、自分の好きな色を使ったりする。 ・「絵本と一緒だ!!」と気づく子、「えー!!」とおどろく子がいる。 ・「○○はここを塗って!!」等と協力しながら色を塗るグループもある。 ・お当番の子は一人1本ずつ鉛筆を配る。 ・保育者の描いているものを見て、「すごい」と反応する様子が見られる。 ・好きな形や花火の音を想像し、グループで花火を描いていく。 ・すぐにできあがるグループ、夢中になって描いているグループがある。 ・ほかのグループの作品を見て、「おもしろいね。」等と友達と感想を伝え合う様子が見られる。 ・片づけが終わると、席に着いて待つ。	・お当番の子を呼び、グループに1枚ずつ画用紙を配ってもらう。 ・全グループ配り終えたら、実際に示しながら、画用紙に水性マーカーで色を塗ることを伝える。 ・子どもたちが楽しんで塗ることができるよう、前向きな言葉かけをしながらグループを見て回る。 ・一度手を止めることを伝え、実際に示しながら、上から黒のクレヨンで塗ることを伝える。 ・できるだけ、隙間がないように塗るよう声をかけていく。 ・一度、手を止めることを伝え、お当番を呼ぶ。 ・実際に示しながら、上から鉛筆で花火を描くことを説明する。 ・イメージが湧くように、「どんな形?」「どんな音?」等を問いかける。 ・終わったグループの画用紙から順に黒板に貼り、いろいろなグループの作品を見られるようにする。 ・終わったグループから順に、片づけをし、席に着くよう伝える。 ・すべてのグループの作品を黒板に貼る。
まとめ (5分)		・自分たちのグループが紹介されるとうれしそうに、作品の説明をしたり、友達のグループの作品を見て、感想を言ったりする。 ・机の上の新聞紙を片づけ、お当番の子は台拭きで机を拭く。	・それぞれの作品を、どのグループが描いたのかを紹介する。 ・みんなで描いたことの達成感が味わえるよう言葉かけをする。 ・机の上に残っているものを協力して片づけられるよう伝える。

〔準備するもの〕
・導入：絵本「くれよんのくろくん」
・子どもたちに持ってきてもらうもの
　……水性マーカー、クレヨン
・子どもたちに配るもの
　……画用紙（4つ切、白）×6枚
　　　鉛筆×24本
　　　新聞紙（机の上に敷く）×6枚

【指導計画作成のポイント】

★困った子どもの対応は指導者に聞いてみる

　仲間のなかに入りたがらない，泣いて話を聞いてもらえないなどの対処法は，指導者にたずねるようにする。自発的に参加することを気長に見守る，言葉かけをていねいに続けるなど，子どもの気持ちの受け入れ方について学び，指導計画に反映させるとよい。

★さまざまな子どもへの配慮を考えておく

　指導計画では，積極的に活動に取り組む子どもの姿だけでなく，恥ずかしくて発言ができないでいる子どもへの配慮も想定しておかなければならない。なかなか自分から動けない子どもに対しては，こちらから働きかける言葉かけを用意しておくとよい。

★時間配分はあらかじめ設定しておく

　導入，展開，まとめの時間配分はあらかじめ設定しておくことで，指導者からの適切なアドバイスがもらえることがある。また，当日の時間配分を考える目安にもなるので，計画のなかに必ず書いておくようにする。

★言葉かけは指導だけではなくほめること

　活動のなかでは，つい安全面やじょうずに行う方法などについての言葉がけが主体になりがちである。作品やできたことをほめ，子どもへ伝えることも忘れずに行う。苦手に感じていた子どもも，ほめられることでやる気がわき，活動が円滑に進められるようになることへつながってゆく。

★イメージづくりのための参考作品

　製作物の手順は，なかなか口で言うだけではイメージできないことがある。そのため，あらかじめ参考作品をつくっておき，イメージがわかない子どもたちに見せるようにするとよい。ただし，最初から見せてしまうと，全員同じような作品になってしまうため，注意が必要である。また，イメージすることをねらいとするのであれば，作品を見せるのではなく，子ども同士で作品や手順を見せ合いながら進める方法もある。

★ルールを守ることの意図

子どもにルールを意識させることはとても大切なことであるが，その先の結果としてどのような姿を目指しているのか，指導計画に詳しく書いておく。また，指導計画のなかで子どもの様子をチェックする際には，どのような援助を行うかも考えておくこと。

★環境構成の工夫

遊びの種類や配置図など，保育室やホール全体の環境構成だけではなく，細かい配置図や活動の流れ，注意事項などを図と文で示しておくとよい。たとえば，部屋の移動の際には，全員がきちんと移動したかどうかのチェックを行うなど，確認が必要である。

★ほめる・叱る

箸の使い方など，子どもによって個人差のあるものは，できないことを子どもたちの前で指摘せず，できている子どもをほめるようにする。ほめられた子どもは自信につながり，まだうまくできない子どもは自分もがんばろうという気持ちにつなげられるようにしたい。子どもを叱る場合は，なぜそれをしてはいけないのか，理由を必ず伝える。年中・年長では，なぜ叱られたのか，その理由をきちんと説明することで，子どもが納得して行動できるようになる。

★不必要な援助に注意

実習生としてがんばればがんばるほど，つい不必要な援助を子どもにしてしまうことがある。子どもの自主性を尊重するためにも，少し引いた位置から，必要な援助だけを行うようにする。また，子どもたちは，日々遊びを発展させていることから，なかには注意をしないと危険をともなうような遊びもある。ただし，取っ組み合いをしているからといってすぐに危険だからやめさせる，と判断することは，男の子の遊びは危ないという先入観から生じているかもしれない。子どもには，思う存分体を動かして遊びたいという気持ちがあるので，どのようにしたら安全に遊べるかを考え，子どもへアドバイスをするようにしたい。

★スキンシップを効果的に

子どもが不安に思っているときには，抱きしめたり手をにぎるなどのスキンシップをとることで，子どもに安心感を与えることができる。援助のなかに積極的に取り入れたい。

★子どもに問いかける

「こうすればうまくいく」と子どもに指示を出してしまうことは，子どもが自分で考え，判断する習慣にはつながらない。子どもに「どうしたらいいかな？」と投げかけて，自分で判断できるようにするなど配慮するとよい。

【あなたがつくって，やってみよう】

（1） 13章（2）でつくったあなたが実践したい5歳児の『中心となる活動』〈ゲーム編〉〈製作編〉の細案を実際に作成しましょう。

> 前提条件
> ・5歳児すみれ組24名（男児12名／女児12名）
> ・「実施日」「子どもの状態」は自ら考えて設定しましょう。

（2） あなたが事前に細案を作成し，必要な準備をしたうえで，実際にロールプレイをしてみましょう。ロールプレイ後に，導入－展開－まとめの流れのなかで気づいたことやわかったこと，実際に子どもに実践する場合に改善しておくべきことがあれば自由に書きましょう。

導入：

展開：

まとめ：

【2年次責任実習用】　1日実習指導計画案　別紙
中心となる活動〈制作編〉〔　　　　　　　　　　　　　　　〕の細案

実施日　　　年　　　月　　　日(　　　曜日)

5歳児　すみれ組　24名(男児 12 名　／　女児 12 名)　実習生：

子どもの状態 ·

中心となる活動	ねらい

時間	環境の構成	予想される子どもの活動	援助・指導の留意点

[準備するもの]

中心となる活動〈ゲーム編〉〔 　　　　　　　　　　　　　 〕の細案

実施日　　年　　月　　日(　　曜日)

　5歳児　すみれ組　24名(男児 12 名　／　女児 12 名)　実習生：

	ねらい　　·		
時間	環境の構成	予想される子どもの活動	援助・指導の留意点

〔準備するもの〕

参 考 文 献

1. 『保育所保育指針』厚生労働省（2008〈平成20〉年・2017〈平成29〉年告示）

2. 『保育所保育指針解説書』厚生労働省（2008〈平成20〉年告示）

3. 『幼稚園教育要領』文部科学省（2008〈平成20〉年・2017〈平成29〉年告示）

4. 『幼稚園教育要領解説』文部科学省（2008〈平成20〉年告示）

5. 『幼保連携型認定こども園教育・保育要領』内閣府・文部科学省・厚生労働省（2014〈平成26〉年・2017〈平成29〉年告示）

6. 『幼保連携型認定こども園教育・保育要領解説』内閣府・文部科学省・厚生労働省（2014〈平成26〉年告示）

7. 『幼稚園教育要領・保育所保育指針の変遷と幼保連携型認定こども園教育・保育要領の成立』民秋言編（2014）萌文書林

8. 『幼稚園教育要領・保育所保育指針・幼保連携型認定こども園教育・保育要領の成立と変遷』民秋言編（2017）萌文書林

9. 『保育内容　人間関係――あなたならどうしますか？』酒井幸子編・入江礼子・中野圭子・守巧・矢吹芙美子著（2012）萌文書林

10. 『事例で学ぶ保育内容　領域　人間関係』無藤隆監修・岩立京子編・赤石元子・高濱裕子・西坂小百合・森下葉子・倉持清美著（2008）萌文書林

11. 『体験する・調べる・考える　領域「人間関係」』田宮縁著（2013）萌文書林

12. 『実践事例から学ぶ保育内容　情動的スキルを育む「保育内容　人間関係」――乳幼児期から小学校へつなぐ非認知能力とは』無藤隆・古賀松香編著（2016）北大路書房

13. 『保育実践を学ぶ　保育内容「人間関係」』咲間まり子著（2013）みらい

14. 『保育内容　人間関係』小田豊・奥野正義編著（2009）北大路書房

15. 『保育実践を支える　人間関係』成田朋子・小澤文雄・本間章子編著（2009）福村出版

16. 『最新保育講座8　保育内容「人間関係」』森上史朗・小林紀子・渡辺英則編（2009）ミネルヴァ書房

17. 『演習　保育内容　人間関係』田代和美・松村正幸編著（2009）建帛社

18. 『シードブック　保育内容　人間関係　第2版』榎沢良彦・入江礼子編著（2009）建帛社

19. 『幼児教育　知の探究16　領域研究の現在〈人間関係〉』友定啓子・青木久子著（2017）萌文書林

20. 『指導計画の考え方・立て方　第2版』久富陽子編著・梅田優子・小櫃智子・善本眞弓・小山朝子著（2017）萌文書林

21. 『事例でわかる　実習の日誌＆指導案　作成マニュアル』矢野真・上月智晴・松崎行代監修（2016）成美堂出版

22. 『書き方・あそび・保育のコツがわかる　実習の日誌と指導案　サポートブック』大元千種監修（2016）ナツメ社

23. 『実習場面と添削例から学ぶ！　実習日誌の書き方』小泉裕子編著（2016）中央法規出版

24. 『フォトランゲージで学ぶ　子どもの育ちと実習日誌・指導計画』神永直美著（2016）萌文書林

著者紹介	田村美由紀（たむら・みゆき） 淑徳大学教育学部こども教育学科教授 ［専攻］幼児教育学、保育学、学校保健学、発達心理学 ［経歴］北海道出身。北海道教育大学教育学部卒業。大阪大学大学院医学系研究科博士後期課程修了。博士（医学）。国立精神・神経センター（現、国立精神・神経医療研究センター）精神保健研究所研究員、人間総合科学大学人間科学部助教、山村学園短期大学保育学科講師、淑徳大学短期大学部こども学科准教授などを経て、現職。 ［著書］『災害・感染症対応から学ぶ 子ども・保護者が安心できる園づくり』（共著、ぎょうせい、2022）、『〈領域〉環境ワークブック―基礎理解と指導法』（共著、萌文書林、2020）、『やさしく学ぶ子どもの保健ハンドブック』（単著、萌文書林、2018）、『保育者養成シリーズ「乳児保育」』（共著、一藝社、2015） 室井佑美（むろい・ゆみ） 山村学園短期大学子ども学科准教授 ［専攻］保育学、社会福祉学 ［経歴］栃木県出身。東洋大学大学院福祉社会デザイン研究科ヒューマンライフ専攻博士前期課程修了。修士（社会福祉学）。大学卒業後、保育士、社会福祉士として障がい児保育現場、医療現場に勤務。その後、東洋大学ライフデザイン学部生活支援学科助教（実習担当）、江戸川大学総合福祉専門学校こども福祉科講師を経て、現職。 ［著書］『子育て支援―「子どもが育つ」をともに支える』（共著、北樹出版、2020）、『〈領域〉環境ワークブック―基礎理解と指導法』（共著、萌文書林、2020）、『保育を学ぶシリーズ①「保育内容・人間関係」』（共著、大学図書出版、2015）
執筆分担	田村美由紀…フォトランゲージ、第1章～第14章本文 室井佑美…第1章～第14章課題
執筆協力者	島村よう子（社会福祉法人宮原ハーモニー元理事長） 片川里緒菜（東京都公立保育所　保育士）
撮影協力園	ハーモニー保育園 えがお保育園 あい音保育園

装幀・本文レイアウト	aica
イラスト	みっか
DTP制作	本薗直美

〈領域〉
人間関係ワークブック

2017年10月17日　初版第1刷発行
2024年4月1日　初版第7刷発行

著者	田村美由紀・室井佑美
発行者	服部直人
発行所	㈱萌文書林
	〒113-0021　東京都文京区本駒込6-15-11
	Tel. 03-3943-0576　Fax. 03-3943-0567
	https://www.houbun.com
	info@houbun.com
印刷・製本	シナノ印刷株式会社　　　　　　　　〈検印省略〉

©2017　Miyuki Tamura, Yumi Muroi, Printed in Japan
ISBN 978-4-89347-262-5　C3037

落丁・乱丁本は弊社までお送りください。送料弊社負担でお取り替えいたします。
本書の内容を一部または全部を無断で複写・複製、転記・転載することは、法律で認められた場合を除き、著作者および出版社の権利の侵害となります。本書からの複写・複製、転記・転載をご希望の場合、あらかじめ弊社あてに許諾をお求めください。